15분 집중의 힘
1등 하는 공부 습관

용선생 15분
한국사 독해

3

조선 시대

사회평론

용선생 15분 한국사 독해
구성과 활용

안녕, 친구들! '용쓴다, 용써!' 용선생이야!
앞으로 나와 함께 매일 하루 15분, 우리 역사의 주요 인물들을 만나 보자.
이야기를 읽다 보면 주인공이 어떤 시대에 살았고, 무슨 생각을 했는지도
잘 이해할 수 있을 거야. 매일 꾸준히만 읽으면 너도 어느새
한국사 척척 박사가 될걸! 역사반 친구들도 함께할 테니 기대해도 좋아.
그럼 역사 인물을 만나러 떠나 볼까?

1 하루 15분, 역사 인물 이야기 읽기!

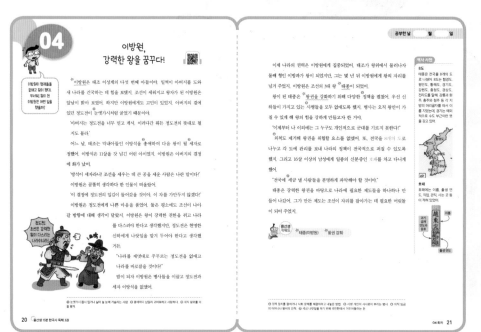

안녕! 나는 장하다야!
인물들의 이야기를 읽다 보면
그 시대 속으로 풍덩
빠져 버릴 거야!

한국사 옛 인물들의 재미있는 이야기를 읽어 보자. 주인공의 대사와 그림을 보다 보면 그 시대에 들어와 있는 것처럼 생생하게
느껴질 거야. **용선생 키워드**는 시험에 나오는 **핵심 키워드**이니 잊지 말고 다시 한번 살펴보자! 파란색 단어는 역사 사전 을 참고해.
초등학교 사회 교과서에 나오는 역사 개념은 물론 이야기에 나오는 지역이 지도에서 어디쯤인지 확인할 수 있지! 또 숫자로 표시된
낱말은 지문 아래에 뜻풀이를 해두었으니 잘 이해했는지 확인해 보자!

2 문제로 내용 확인하고 어휘력 확장하기!

난 나선애야! 다양한 문제를 풀다 보면 생각하는 힘이 쑥쑥 자랄 거야!

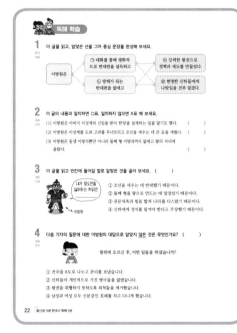

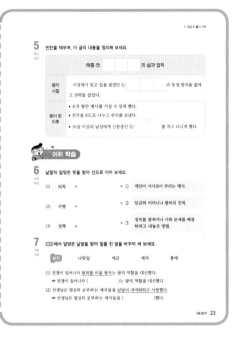

나는 왕수재! 마지막 어휘 문제도 빠짐없이 풀어 보길 바라. 한국사 공부가 더욱 쉬워질 거야.

문제를 풀면서 내용을 확인해 보자. 중심 내용 찾기, 내용 이해, 추론 등 **다양한 유형의 문제**를 풀다 보면 용선생이 뽑은 **키워드가 머릿속 깊이** 새겨질 거야. 문제가 안 풀린다고? 걱정 마! 다시 앞으로 가서 이야기를 확인하면 돼. 독해 학습 문제를 풀며 읽은 내용을 정리하고, 용선생 키워드도 다시 한번 확인해 보자. 어휘 학습 문제도 풀어 봐. 오늘 읽은 지문 속 필수 어휘가 머릿속에 쏙쏙 들어올 거야.

3 키워드로 복습하기!

나는 곽두기야. 역사 놀이터에서 신나게 놀아 볼래?

나는 허영심이야. 지금 QR 코드를 검색해 인물 이야기를 들어 봐!

인물의 이야기를 음원으로 듣기!

실감 나는 오디오 음원을 통해 읽은 내용을 되새겨 봐. 이야기가 오랫동안 기억에 남을 거야.

앞서 배운 1주 5회차의 키워드들을 재미난 퀴즈를 풀며 떠올려 보자. **역사 놀이터**에서 가로세로 키워드 찾기, 키워드 찾기 대작전, 키워드로 비밀 숫자 찾기 등을 하며 읽은 내용을 **재미있게 복습**할 수 있어. 공부한 내용이 새록새록 떠오를 거야.

☀ 용선생 15분 한국사 독해 **차례**

새로운 나라 조선이 건국되었어.
조선은 어떻게 만들어졌을까?

1주

- 1388년 위화도 회군
- 1392년 조선 건국
- 1394년 한양 천도
- 1398년 왕자의 난
- 1429년 『농사직설』 간행

회차	학습 내용	핵심 키워드	교과 연계	학습 계획일
01	**이성계**, 새 나라 조선을 세우다!	✮ 이성계 ✮ 위화도 ✮ 조선	【사회 5-2】 1. 옛 사람들의 삶과 문화 ③ 민족 문화를 지켜 나간 조선	월 일
02	**정몽주**, 고려와 함께 스러지다	✮ 정몽주 ✮ 신진 사대부	【사회 5-2】 1. 옛 사람들의 삶과 문화 ③ 민족 문화를 지켜 나간 조선	월 일
03	조선의 수도 한양을 설계한 **정도전**	✮ 정도전 ✮ 한양 설계	【사회 5-2】 1. 옛 사람들의 삶과 문화 ③ 민족 문화를 지켜 나간 조선	월 일
04	**이방원**, 강력한 왕을 꿈꾸다!	✮ 태종(이방원) ✮ 왕권 강화	【사회 5-2】 1. 옛 사람들의 삶과 문화 ③ 민족 문화를 지켜 나간 조선	월 일
05	**세종**, 백성을 위한 정치를 펼치다	✮ 세종 ✮ 『농사직설』	【사회 5-2】 1. 옛 사람들의 삶과 문화 ③ 민족 문화를 지켜 나간 조선	월 일
역사 놀이터		가로세로 키워드 찾기!		

01

이성계,
새 나라 조선을 세우다!

이성계는 고려 최고의 장수였다면서? 그런데 왜 이성계는 명나라와의 전쟁에 반대했을까?

역사 사전

철령 북쪽의 땅

원나라는 쌍성총관부를 설치해 고려에게서 빼앗은 철령 북쪽의 땅을 직접 다스렸어. 공민왕은 쌍성총관부를 공격해 원나라가 차지했던 철령 북쪽의 땅을 되찾고, 고려의 땅을 북쪽으로 더 넓혔지.

요동

중국 랴오허강의 동쪽 지방이야. 오늘날 중국 랴오닝성의 동남부 일대를 가리켜.

고려의 우왕이 나라를 다스릴 때였어. 중국에서는 새로 일어난 명나라가 원나라를 북쪽으로 몰아내고 중국을 차지했지. 그리고 명나라는 고려에 엉뚱한 요구를 해 왔어.

"원나라가 차지했던 땅은 모두 우리 명나라의 것이다. 그러니 고려의 철령 북쪽 땅을 내놓아라!"

고려는 원나라에게 빼앗겼던 땅을 공민왕 때 되찾았는데, 갑자기 명나라가 그 땅을 내놓으라고 요구한 거야. 우왕과 고려의 실권❶을 쥐고 있던 최영❷은 단호하게 거부했지.

"명나라가 고려를 우습게 알아 말도 안 되는 요구를 하는 것 같습니다. 우리가 명나라를 먼저 공격해서 우리의 힘을 보여 줘야 합니다!"

"옳은 말이오. ☆이성계 장군에게 요동을 공격하게 합시다!"

우왕과 최영은 고려 최고의 장수로 손꼽히던 이성계에게 명나라 땅인 요동을 공격하라고 명령했어. 하지만 이성계는 전쟁에 반대하고 나섰지.

"명나라는 원나라를 몰아낸 강한 나라입니다. 이렇게 크고 강한 나라와 전쟁을 벌이면 백성들이 고통스러워할 것입니다. 마침 계절도 덥고 습한❸ 여름이라 전염병❹이 돌 수도 있습니다. 게다가 우리 군대가 북쪽을 향한다면 왜구❺가 그 틈을 노리고 남쪽에서 쳐들어오지 않겠습니까!"

하지만 우왕과 최영은 꿈쩍도 하지 않았어. 결국 이성계는 군대를 이끌고 요동으로 향했지. 그러다 압록강의 ☆위화도라는 섬에 이르렀어.

'여기서 강을 건너면 명나라와의 전쟁을 피할 수 없게 된다.'

---

❶ **실권** 어떤 일을 실제로 할 수 있는 권리나 권력. ❷ **단호하다** 결심이나 태도, 입장 등을 딱 잘라서 결정하다. ❸ **습하다** 메마르지 않고 물기가 많아 축축하다. ❹ **전염병** 세균이나 바이러스가 다른 생물에 옮아 집단적으로 유행하는 병. ❺ **왜구** 우리나라의 해안에 침입했던 일본의 해적.

이성계는 고민 끝에 우왕에게 공격 명령을 거두어 달라고 편지를 보냈어. 하지만 우왕과 최영은 계속 공격하라는 답장을 보냈지.

위화도

명나라를 공격할 순 없다. 개경으로 돌아 가자!

●개경

"이대로 명나라를 공격한다면 고려는 큰 시련을 맞게 될 것이다. 내가 역적^❻이 된다 해도 고려의 백성을 죽음으로 내몰 수는 없다!"

결심을 굳힌 이성계는 부하들에게 명령을 내렸어.

"말 머리를 돌려라! 개경으로 돌아갈 것이다!"

이성계의 군대는 쏜살같이^❼ 개경으로 향했지.

이성계가 왕의 명령을 거부하고 군대를 마음대로 움직인 이상, 그는 우왕과 최영의 적이나 다름없었어. 그래서 이성계는 최영을 물리쳐야만 했지.

이성계는 개경에서 최영과 맞서 싸웠어. 계속된 전투 끝에 이성계는 승리를 거두고 고려의 일인자가 되었지. 그리고 4년이 지난 1392년, 새 나라를 세우고 왕이 되었어.

"새 나라의 이름은 우리 역사의 첫 나라인 고조선을 잇는다^❽는 뜻으로 ☆조선이라 할 것이다!"

마침내 고려의 역사가 막을 내리고 새 나라 조선의 역사가 시작된 거야.

용선생 키워드　☆이성계　☆위화도　☆조선

---

❻ **역적** 자기 나라나 민족, 임금을 배반한 사람.　❼ **쏜살같다** 쏜 화살과 같이 매우 빠르다.　❽ **잇다** 끊어지지 않고 계속되게 하다.

1

중심
내용

이 글을 읽고 빈칸에 들어갈 알맞은 낱말을 골라 보세요. (   )

> 고려의 장수 이성계는 위화도에서 군대를 돌려 권력을 차지한 뒤, 새 나라
> _____ 을(를) 세웠다.

① 고구려   ② 백제   ③ 신라   ④ 조선

2

내용
이해

이 글의 내용과 일치하면 O표, 일치하지 않으면 X표 해 보세요.

(1) 명나라가 고려에게 철령 북쪽 땅을 내놓으라고 요구했다.   (   )

(2) 우왕과 최영은 명나라에게 겁을 먹고 고려의 땅을 돌려주려고 했다.   (   )

(3) 최영은 명나라를 공격하기 위해 직접 군대를 이끌고 위화도까지 갔다.   (   )

3

내용
적용

다음 인터뷰에서 이 글의 내용과 일치하지 <u>않는</u> 것은 무엇인가요? (   )

> 리포터: 안녕하세요, 이성계 장군님. ① <u>이성계 장군께서는 고려 최고의 장수로 인정
> 받고 군대를 지휘하게 되셨네요.</u> 이번에 명나라를 공격하는 일에 대해서는
> 어떻게 생각하십니까?
>
> 이성계: ② <u>반대합니다. 명나라처럼 크고 강한 나라와 전쟁하는 것은 어려운 일입니
> 다.</u> ③ <u>게다가 그 틈을 타 원나라가 북쪽에서 쳐들어올 수 있어요!</u>
>
> 리포터: 반대하는 또 다른 이유가 있을까요?
>
> 이성계: ④ <u>지금은 덥고 습한 여름이라 전염병이 도는 것도 걱정됩니다.</u>

4

추론

이 글을 읽고 다음 장면 이후에 벌어질 일로 알맞은 것을 골라 보세요. (   )

요동 공격은 취소다!
개경으로 돌아간다!

① 문신들을 죽이고 무신 정권을 세웠다.

② 수도를 서경으로 옮기고 북진 정책을 추진했다.

③ 고려는 명나라와 협상해 강동 6주를 얻어 냈다.

④ 이성계가 우왕과 최영을 쫓아내고 권력을 차지했다.

5 빈칸을 채우며, 이 글의 내용을 정리해 보세요.

핵심
정리

> 명나라가 철령 북쪽 땅을 내놓으라고 요구했다.

⬇

> 우왕과 최영이 ㉠ ☐☐ 에게 명나라의 요동을 공격하라고 명령했다. 그러나 그는 요동 공격을 반대해 위화도에서 군대를 돌렸다.

⬇

> 개경을 장악하고 새 나라 ㉡ ☐☐ 을 세웠다.

어휘 학습

6 낱말의 알맞은 뜻을 찾아 선으로 이어 보세요.

어휘
복습

(1) 실권 •   • ① 자기 나라나 민족, 임금을 배반한 사람.

(2) 왜구 •   • ② 우리나라의 해안에 침입했던 일본의 해적.

(3) 역적 •   • ③ 어떤 일을 실제로 할 수 있는 권리나 권력.

7 밑줄 친 낱말이 잘못 쓰인 문장을 골라 보세요. (   )

어휘
적용

① 장군은 남해안을 누비며 <u>왜구</u>를 물리쳤다.
② 임금은 <u>역적</u>에게 말 한 필을 상으로 주었다.
③ 이모는 남자 친구의 청혼을 <u>단호하게</u> 거절했다.
④ <u>전염병</u> 예방을 위해서는 손을 깨끗하게 씻어야 한다.

02

정몽주, 고려와 함께 스러지다

이성계와 정몽주는 어지러운 고려를 개혁하기 위해 애썼어. 그들은 어떻게 개혁하려고 했을까?

이성계는 위화도에서 군대를 돌려 권력을 잡은 뒤, 오래전부터 친하게 지내던 [☆]정몽주를 찾아갔어.

"자네와 함께 고려의 개혁에 앞장서고 싶네."

"힘닿는 데까지 돕겠습니다."

정몽주는 [☆]신진 사대부를 대표하는 관리야. 신진 사대부는 당시 권력을 차지하고 있던 권문세족에 맞서 사회를 개혁해야 한다고 주장한 세력이지. 그중에서도 정몽주는 학문이 깊고 관리로서도 능력이 뛰어나 많은 사람들에게 존경을 받고 있었어.

정몽주는 신진 사대부를 이끌면서 사회 제도를 개혁해야 한다고 목소리를 높였어. 하지만 신진 사대부 중에서도 이성계를 따르는 사람들은 정몽주와 다른 생각을 가졌지.

'권문세족의 횡포를 막고, 고려의 어지러운 상황을 해결하려면 큰 결단[1]이 필요해. 지금처럼 사회 제도를 개혁하는 것만으로는 부족하다고!'

이렇게 이성계를 중심으로 하는 사람들은 고려를 뿌리부터 바꾸기 위해 새로운 나라를 세우자고 했어. 하지만 정몽주는 이들의 생각에 결코 동의할 수 없었지.

"고려를 무너뜨리려 하는 자들은 내가 용서치 않을 것이다!"

이렇게 고려는 정몽주를 중심으로 고려 왕조[2]를 유지하면서 개혁하려는 세력과, 이성계를 중심으로 고려를 대신해 새로운 나라를 세우려는 세력으로 나뉘었어.

역사 사전

신진 사대부

고려 말에 나타난 세력이야. 성리학을 공부하고 과거를 통해 관직에 진출했지. 고려의 지배층인 권문세족에 맞서 사회 개혁을 주장했어. 신진 사대부에는 이색, 정몽주, 정도전 등이 있지.

---

[1] **결단** 결정적인 판단을 하거나 딱 잘라서 결정을 내림. [2] **왕조** 여러 임금이 차례로 다스리는 하나의 나라.

어느 날, 이성계가 말에서 떨어져 크게 다쳤어. 정몽주는 병문안을 하기 위해 이성계의 집을 방문했는데, 이성계의 다섯째 아들 이방원이 그를 맞이했지. 이방원은 정몽주에게 새 나라에서 잘살아 보자는 내용의 시를 읊었어. 그러자 정몽주는 주저하지 않고 이렇게 답했지.

이 몸이 죽고 죽어 일백 번 고쳐 죽어,
백골이 진토되어 넋이라도 있고 없고,
님 향한 일편단심이야 가실 줄이 있으랴.

정몽주는 백 번을 죽더라도 고려에 대한 충성은 변하지 않을 것이라고 답했어. 그러자 이방원은 결심한 듯 고개를 끄덕였지.

'과연 정몽주는 고려 제일의 충신이구나. 하지만 새 나라를 세우려는 아버지의 앞길에 큰 방해가 될 뿐이야. 그를 없애야겠어!'

결국 정몽주는 이방원의 부하들에 의해 죽임을 당했어. 정몽주가 죽자 더 이상 걸림돌이 없어진 이성계는 새 나라 조선을 세웠지. 이렇게 고려는 충신 정몽주와 함께 역사 속으로 스러지게 되었어.

 용선생 키워드   ✫정몽주   ✫신진 사대부

---

❸ **병문안** 아픈 사람을 찾아가 마음을 달래 주는 일. ❹ **백골** 죽어서 살이 썩고 남은 뼈. ❺ **진토** 먼지와 흙. ❻ **넋** 정신이나 마음. ❼ **일편단심** 결코 변하지 않는 마음. ❽ **충신** 나라, 임금, 주인에게 충성을 다하는 신하.

1

중심
내용

이 글의 중심 내용을 바르게 말한 사람을 찾아 〇표 해 보세요.

㉠ 이성계와
정몽주의 우정

㉡ 말에서 떨어진
이성계를 찾아간 정몽주

㉢ 고려를 끝까지
지키려고 한 정몽주

2

내용
이해

이 글을 읽고 빈칸에 들어갈 알맞은 낱말을 써 보세요.

☐☐ ☐☐☐ 는 고려 말에 나타난 세력으로 권문세족에

맞서 사회를 개혁해야 한다고 주장한 세력이다.

3

자료
해석

이 글의 정몽주가 이방원에게 다음과 같은 시를 읊은 까닭은 무엇인가요? (   )

이 몸이 죽고 죽어 일백 번 고쳐 죽어,
백골이 진토되어 넋이라도 있고 없고,
님 향한 일편단심이야 가실 줄이 있으랴.

① 죽은 아내를 그리워했기 때문에   ② 이성계에게 충성을 맹세하기 위해서

③ 이방원이 자신을 죽일까 봐 겁이 나서   ④ 고려에 대한 충성을 보여 주기 위해서

4

인물
이해

이 글의 정몽주에 대한 설명으로 알맞지 <u>않은</u> 것은 무엇인가요? (   )

① 이방원의 부하들에 의해 죽음을 맞이했다.

② 이성계와 손을 잡고 새 나라 조선을 세웠다.

③ 신진 사대부를 이끌며 고려 사회를 개혁하려고 했다.

④ 학문이 깊고 관리로서도 능력이 뛰어나 사람들에게 존경을 받았다.

5 빈칸을 채우며, 이 글의 내용을 정리해 보세요.

핵심
정리

신진 사대부를 대표하는 관리 ㉠ [　｜　] 는 고려 개혁에 앞장섰다.

⬇

이성계를 따르는 무리가 새 나라를 세우려 하자
그가 고려를 끝까지 유지해야 한다며 반대했다.

⬇

이성계의 아들인 ㉡ [　｜　] 에 의해 죽임을 당했다.

어휘 학습

6 낱말의 알맞은 뜻을 찾아 선으로 이어 보세요.

어휘
복습

(1) 왕조 •   • ① 나라, 임금, 주인에게 충성을 다하는 신하.

(2) 결단 •   • ② 여러 임금이 차례로 다스리는 하나의 나라.

(3) 충신 •   • ③ 결정적인 판단을 하거나 딱 잘라서 결정을 내림.

7 대화를 읽고 빈칸에 들어갈 알맞은 낱말을 써 보세요.

어휘
적용

영심: 선생님, 어제가 엄마 생신이었거든요. 아빠가 엄마에게 이렇게 말씀하시는

거예요! "당신만을 [　｜　] 사랑하겠소!"

하다: 응? 선생님, 그게 무슨 뜻이에요?
용선생: '한 조각의 붉은 마음'이란 뜻으로, 결코 변하지 않는 마음을 말해.

03 조선의 수도 한양을 설계한 정도전

나도 실력을 키워서 내가 원하는 도시를 만들고 싶어. 정도전처럼 말이야.

조선을 세운 태조 이성계는 새 나라에 맞는 수도가 필요하다고 생각했어. '개경에는 아직 고려를 그리워하는 사람들이 많다. 사람들이 고려를 잊고 새 나라를 받아들이도록 새로운 곳으로 수도를 옮겨야겠어.'

신하들은 이성계의 뜻에 따라 새로운 수도가 될 만한 곳을 찾아 나섰어. 그리고 여러 후보지 가운데 지금의 서울인 한양을 새로운 수도로 결정했지. 이성계와 함께 조선을 세우는 데 큰 공을 세운 ☆정도전이 말했어.

"한양은 사방이 산으로 둘러싸여 있어 외적을 막는 데 유리하고, 남쪽으로 한강이 흐르고 있어 교통도 편리합니다. 또한 나라의 중앙에 위치하여 지방을 다스리기에도 부족함이 없습니다."

"과연 한양이 가장 좋은 땅일 것 같군! 정도전, 새로운 나라에 걸맞은 수도 ☆한양을 설계해 보시오!"

"유교의 정신을 담아 수도 한양을 만들어 보겠나이다."

정도전은 우선 나라의 정신을 담은 종묘와 사직부터 지었어. 종묘는 죽은 왕들의 제사를 지내는 곳이야. 사직은 땅과 곡식의 신에게 제사 지내는 곳이지. 종묘와 사직은 왕실과 나라의 상징으로 여겨졌어. 그리고 정도전은 나라를 다스리는 데 필요한 궁궐과 건물들의 이름도 지어 나갔지.

"전하께서 머무르실 궁궐은 이 나라가 큰 복을 누리라는 뜻에서 경복궁이라 이름 지었습니다."

정도전은 한양 도성에 나 있는 네 개의 문의 이름도 지었어. 이름을 지을 땐 유교에서 중요하게 생각하는 인·의·예·지(仁·義·禮·知) 가운데 한 글자를 넣었지.

역사 사전

유교
공자와 그 제자들의 가르침을 연구하는 학문이야. 조선 시대에 유행한 성리학도 유교의 한 갈래지.

---

❶ **수도** 한 나라의 중앙 정부가 있는 도시. ❷ **사방** 동, 서, 남, 북의 네 방향. ❸ **외적** 다른 나라에서 쳐들어오는 적.
❹ **설계하다** 어떤 일을 하려고 계획을 짜다.

　　동쪽의 문은 어질고 인자함을 뜻하는 '인(仁)'을 넣어서 홍인지문, 서쪽의 문은 의로움을 뜻하는 '의(義)'를 넣어서 돈의문이라 이름 짓고, 남쪽의 문은 예절을 뜻하는 '예(禮)'를 넣어서 숭례문이라 이름 지었지. 북쪽의 문은 지혜를 뜻하는 '지(智)' 대신 예외를 두어 숙청문이라 이름 지었는데, 지금은 숙정문이라 불러.

　　'백성을 나라의 근본으로 여기는 유교의 가르침이 나타나야 해.'

　　이렇게 정도전은 유교의 정신을 담아 한양을 만들어 나갔지. 정도전이 설계한 한양의 모습은 수백 년이 지난 지금도 서울 곳곳에서 살펴볼 수 있어.

역사 사전

도성도
조선의 수도 한양을 그린 지도야. 북악산, 인왕산, 남산, 낙산 등 여러 산이 한양 주변을 둘러싼 모습을 볼 수 있어.

▲「도성도」

용선생 키워드　　✡정도전　　✡한양 설계

---

❺ **어질다** 마음이 너그럽고 착하며 슬기롭다.　❻ **의롭다** 정의를 위해 나서는 마음이 있다.　❼ **예외** 일정하게 정해진 규칙에서 벗어나는 일.　❽ **근본** 어떤 것의 가장 중요한 바탕을 이루는 것.

1 이 글의 중심 내용으로 알맞은 것은 무엇인가요? (   )

중심
내용

① 새로운 수도가 필요한 이성계
② 새로운 수도를 찾아 나선 신하들
③ 나라의 상징이었던 종묘와 사직
④ 유교의 정신을 담아 수도를 설계한 정도전

2 이 글의 내용과 일치하면 O표, 일치하지 않으면 X표 해 보세요.

내용
이해

(1) 한양의 남쪽에는 한강이 흘러 교통이 편리하다.   (   )

(2) 한양은 나라의 끝에 위치하여 북쪽 지방을 다스리는 데 어려움이 있었다.   (   )

(3) 한양은 사방이 산으로 둘러싸여 있어 외적을 막는 데 유리했다.   (   )

3 다음 도성의 문들은 무엇을 주제로 이름을 지었나요? (   )

자료
해석

숭례문은 한양 도성 남쪽의 문으로 남대문이라고도 한다. 예의를 높인다는 의미를 담았다.

흥인지문은 한양 도성 동쪽의 문으로 동대문이라고도 한다. 어질고 인자함을 일으킨다는 의미를 담았다.

① 하늘의 해·달·별·구름
② 유교의 인·의·예·지
③ 마음의 기쁨·분노·슬픔·즐거움
④ 동물의 개·소·말·돼지

4 다음 이성계의 명령에 따라 정도전이 한 일로 알맞지 <u>않은</u> 것은 무엇인가요? (   )

내용
이해

새 나라 조선에 걸맞은 새로운 수도를 설계하시오!

① 유교의 정신을 담아 한양을 설계했다.
② 나라의 정신을 담은 종묘와 사직을 지었다.
③ 도성 문의 이름은 이성계가 지은 이름을 그대로 사용했다.
④ 궁궐의 이름은 나라가 큰 복을 누리라는 뜻에서 경복궁으로 지었다.

5

핵심
정리

빈칸을 채우며, 이 글의 내용을 정리해 보세요.

| 보기 | 개경 | 정도전 | 정몽주 | 한양 |

이성계와 함께 조선을 세우는 데 큰 공을 세운 ㉠_____은(는)

유교의 정신을 담아 수도 ㉡_____을 설계했다. 그는 종묘와 사직을

짓고, 경복궁과 한양 도성에 나 있는 네 개의 문을 이름 지었다.

어휘 학습

6

어휘
복습

뜻풀이에 알맞은 낱말을 골라 ○표 해 보세요

(1) 동, 서, 남, 북의 네 방향. ·· (사방 / 상대방)

(2) 정의를 위해 나서는 마음이 있다. ································· (의롭다 / 의지하다)

(3) 한 나라의 중앙 정부가 있는 도시. ······························· (수도 / 천도)

7

어휘
적용

빈칸에 들어갈 알맞은 낱말을 보기 에서 찾아 문장을 완성해 보세요.

| 보기 | 근본 | 사방 | 설계 | 예외 | 외적 |

(1) 지난달 일어난 사고에 대한 _____ 원인이 밝혀졌다.
　　　　　　　　　　　　　　└ 어떤 것의 가장 중요한 바탕을 이루는 것.

(2) 백암성은 고구려가 _____을 막기 위해 쌓은 것이다.
　　　　　　　　　　　└ 다른 나라에서 쳐들어오는 적.

(3) 지민이는 휴일에도 _____ 없이 달리기로 하루를 시작했다.
　　　　　　　　　　└ 일정하게 정해진 규칙에서 벗어나는 일.

04

이방원,
강력한 왕을 꿈꾸다!

이방원이 형제들을
없애고 왕이 됐대.
무서워! 왕이 된
이방원은 어떤 일을
했을까?

✳이방원은 태조 이성계의 다섯 번째 아들이야. 일찍이 아버지를 도와 새 나라를 건국하는 데 힘을 보탰지. 조선이 세워지고 왕자가 된 이방원은 앞날이 밝아 보였어. 하지만 이방원에게도 고민이 있었지. 아버지의 곁에 있던 정도전이 눈엣가시❶처럼 굴었기 때문이야.

'아버지는 정도전을 너무 믿고 계셔. 이러다간 뭐든 정도전의 뜻대로 될지도 몰라.'

어느 날, 태조는 막내아들인 이방석을 총애하여❷ 다음 왕이 될 세자❸로 정했어. 이방석은 11살을 갓 넘긴 어린 아이였지. 이방원은 아버지의 결정에 화가 났어.

'방석이 세자라니! 조선을 세우는 데 큰 공을 세운 사람은 나란 말이다!'

이방원은 골똘히 생각하다 한 인물이 떠올랐어.

'이 결정에 정도전의 입김이 들어갔을 것이야. 이 자를 가만두지 않겠다!'

이방원은 정도전에게 나쁜 마음을 품었어. 둘은 평소에도 조선이 나아갈 방향에 대해 생각이 달랐지. 이방원은 왕이 강력한 권한을 쥐고 나라를 다스려야 한다고 생각했지만, 정도전은 현명한 신하에게 나랏일을 맡겨 두어야 한다고 생각했거든.

"나라를 제멋대로 주무르는 정도전을 없애고 나라를 바로잡을 것이다!"

밤이 되자 이방원은 병사들을 이끌고 정도전과 세자 이방석을 없앴어.

정도전!
조선은 강력한
왕이 다스리는
나라이니라!

으악

---

❶ 눈엣가시 몹시 밉거나 싫어 늘 눈에 거슬리는 사람. ❷ 총애하다 남달리 귀여워하고 사랑하다. ❸ 세자 왕위를 이을 왕자.

이제 나라의 권력은 이방원에게 집중되었어. 태조가 왕위에서 물러나자 둘째 형인 이방과가 왕이 되었지만, 그는 몇 년 뒤 이방원에게 왕의 자리를 넘겨 주었지. 이방원은 조선의 3대 왕 ☆태종이 되었어.

왕이 된 태종은 ☆왕권을 강화하기 위해 다양한 정책을 펼쳤어. 우선 신하들이 가지고 있는 사병들을 모두 없애도록 했지. 병사는 오직 왕만이 가질 수 있게 해 왕의 힘을 강하게 만들고자 한 거야.

"이제부터 나 이외에는 그 누구도 개인적으로 군대를 기르지 못한다!"

❻외척도 제거해 왕권을 위협할 요소를 없앴어. 또, 전국을 8개의 도로 나누고 각 도에 관리를 보내 나라의 정책이 전국적으로 퍼질 수 있도록 했지. 그리고 16살 이상의 남성에게 일종의 신분증인 호패를 차고 다니게 했어.

"전국에 ❼세금 낼 사람들을 분명하게 파악해야 할 것이야."

태종은 강력한 왕권을 바탕으로 나라에 필요한 제도들을 하나하나 만들어 나갔어. 그가 만든 제도는 조선이 자리를 잡아가는 데 필요한 머릿돌이 되어 주었지.

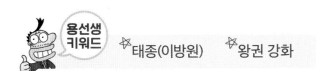

용선생 키워드 ☆태종(이방원)　☆왕권 강화

역사 사전

8도
태종은 전국을 8개의 도로 나눴어. 8도는 함경도, 평안도, 황해도, 경기도, 강원도, 충청도, 경상도, 전라도를 말해. 강릉과 원주, 충주와 청주 등 각 지방의 머리글자를 따서 이름 지었는데, 경기는 예외적으로 수도 부근이란 뜻을 갖고 있어.

호패
호패에는 이름, 출생 연도, 직업, 관직, 사는 곳 등이 적혀 있었어.

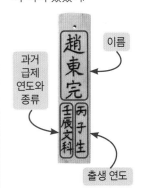

---

❹ **정책** 정치를 잘하거나 사회 문제를 해결하려고 내놓은 방법. ❺ **사병** 개인이 사사로이 부리는 병사. ❻ **외척** 임금의 어머니나 왕비의 친척. ❼ **세금** 나랏일을 하기 위해 국민한테서 거두어들이는 돈.

1 이 글을 읽고 알맞은 선을 그어 중심 문장을 완성해 보세요.

중심
내용

이방원은

⊙ 대화를 통해 평화적으로 반대편을 설득하고

ⓒ 방해가 되는 반대편을 없애고

ⓒ 강력한 왕권으로 정책과 제도를 만들었다.

ⓔ 현명한 신하들에게 나랏일을 전부 맡겼다.

2 이 글의 내용과 일치하면 ○표, 일치하지 않으면 ✕표 해 보세요.

내용
이해

(1) 이방원은 아버지 이성계의 신임을 받아 한양을 설계하는 일을 맡기도 했다. (   )

(2) 이방원은 이성계를 도와 고려를 무너뜨리고 조선을 세우는 데 큰 공을 세웠다. (   )

(3) 이방원은 동생 이방석뿐만 아니라 둘째 형 이방과까지 없애고 왕의 자리에
올랐다. (   )

3 이 글을 읽고 빈칸에 들어갈 말로 알맞은 것을 골라 보세요. (   )

내용
이해

내가 정도전을
싫어하는 까닭은
_____

이방원

① 조선을 세우는 데 반대했기 때문이다.
② 둘째 형을 왕으로 만드는 데 앞장섰기 때문이다.
③ 권문세족과 힘을 합쳐 나라를 다스렸기 때문이다.
④ 신하에게 정치를 맡겨야 한다고 주장했기 때문이다.

4 다음 기자의 질문에 대한 이방원의 대답으로 알맞지 <u>않은</u> 것은 무엇인가요? (   )

내용
적용

왕위에 오르신 후, 어떤 일들을 하셨습니까?

① 전국을 8도로 나누고 관리를 보냈습니다.
② 신하들이 개인적으로 가진 병사들을 없앴습니다.
③ 왕권을 위협하지 못하도록 외척들을 제거했습니다.
④ 남성과 여성 모두 신분증인 호패를 차고 다니게 했습니다.

5

핵심
정리

빈칸을 채우며, 이 글의 내용을 정리해 보세요.

태종 ㉠ [　　][　　][　　] 의 삶과 업적	
왕자 시절	이성계가 믿고 일을 맡겼던 ㉡ [　][　][　] 과 동생 방석을 없애 고 권력을 잡았다.
왕이 된 이후	• 오직 왕만 병사를 가질 수 있게 했다. • 전국을 8도로 나누고 관리를 보냈다. • 16살 이상의 남성에게 신분증인 ㉢ [　][　] 를 차고 다니게 했다.

어휘 학습

6

어휘
복습

낱말의 알맞은 뜻을 찾아 선으로 이어 보세요.

(1) 외척 •   • ① 개인이 사사로이 부리는 병사.

(2) 사병 •   • ② 임금의 어머니나 왕비의 친척.

(3) 정책 •   • ③ 정치를 잘하거나 사회 문제를 해결
하려고 내놓은 방법.

7

어휘
적용

보기 에서 알맞은 낱말을 찾아 밑줄 친 말을 바꾸어 써 보세요.

| 보기 | 나랏일 | 세금 | 세자 | 총애 |

(1) 전쟁이 일어나자 <u>왕위를 이을 왕자</u>는 왕의 역할을 대신했다.

➡ 전쟁이 일어나자 (　　　　　　)는 왕의 역할을 대신했다.

(2) 선생님은 열심히 공부하는 제자들을 <u>남달리 귀여워하고 사랑했다.</u>

➡ 선생님은 열심히 공부하는 제자들을 (　　　　　　)했다.

세종, 백성을 위한 정치를 펼치다

세종은 자나 깨나 백성 생각뿐인 것 같네. 세종은 백성들을 위해 어떤 일을 했을까?

세종은 아버지 태종의 뒤를 이어 왕이 되었어. 세종은 왕이 되기 전부터 나라의 근본은 백성이라고 생각했지. 그래서 세종은 백성들을 잘살게 만들 방법을 고민했어.

"백성들을 위해서 어떤 정치를 펼쳐야 하겠는가?"

"백성들의 대다수는 농사짓는 농부입니다. 그들이 농사를 더 잘 지을 수 있도록 도와주어야 합니다."

세종은 농사를 잘 지을 수 있는 방법을 찾기 위해 농사에 관한 지식이 적혀 있는 책들을 살펴보았어.

'모두 중국의 농사 책이구나. 그래서인지 많은 부분이 조선의 현실과는 다르군. 우리 조선의 환경❶에 딱 들어맞는 농사 책이 필요해!'

세종은 각 도의 관리들에게 경험 많은 농부들의 농업 기술을 조사하고 그 내용을 기록하게 했어. 그리고 농부들의 비법❷을 모아 우리나라 날씨와 땅에 꼭 맞는 농사 책 『농사직설』을 펴냈지❸.

그러니까 씨는 요즘 같이 날씨가 포근할 때에….

조금만 천천히…!

비법을 얼른 받아 적자!

"씨를 뿌리는 법, 곡식을 거두는 법 등 우리 땅에 딱 들어맞는 비법들이 가득하네!"

"이것만 읽으면 농사 걱정은 없겠어! 얼른 읽고 나도 주시게!"

세종의 명령으로 만들어진 『농사직설』은 조선의 대표적인 농사 책으로 널리 사용되었어.

---

❶ **환경** 사람이나 동식물이 살아가는 데 영향을 미치는 자연적 조건이나 상태. ❷ **비법** 한정된 개인 또는 집단만이 알고 있는 특별한 방법. ❸ **펴내다** 책이나 잡지 따위를 만들어 세상에 내놓다.

한편 조선의 일부 관리들은 세금 제도의 허점을 이용해 백성들에게 무거운 세금을 매겼어. 그래서 세종은 백성들이 세금을 내는 데 억울함이 없도록 세금 제도를 바꾸려고 했지. 백성들이 내야 할 세금을 농사짓는 땅의 질과 그해 농사가 잘된 정도를 따져 정해진 양만 내게 만들려고 한 거야.

"새로운 세금 제도에 대해 백성들의 의견을 물어봅시다!"

그동안 조선에서는 왕과 신하들이 정책을 결정하고 백성들은 결정된 정책을 따르기만 했어. 그런데 세종은 백성들의 의견을 정책에 반영하려고 한 거야.

세종은 17만 2천 명이 넘는 백성들을 상대로 새로운 세금 제도에 대해 찬성과 반대를 물었어.

"전하, 백성들의 의견을 조사한 결과 약 9만 8천 명이 찬성했고, 약 7만 4천 명이 반대했습니다."

"찬성이 더 많다고는 하나 반대하는 사람의 수도 만만치 않구나. 더 많은 사람이 찬성할 때까지 보완해야겠다."

마침내 세종은 세금 제도를 보완해 새로운 제도를 실시했어. 이렇게 백성을 생각하고, 백성들의 이야기를 귀담아들은 세종의 마음은 조선을 발전시키는 데 큰 도움이 되었지.

용선생 키워드 　☆세종　☆『농사직설』

---

❹ 제도 법이나 관습에 의해 세워진 사회적 규칙의 체계. ❺ 허점 주의하지 못해 빈틈이 생긴 부분. ❻ 반영하다 어떤 사실이나 내용을 다른 것에 그대로 나타내다. ❼ 보완하다 부족한 것을 보충해 완전하게 하다.

독해 학습

1 이 글을 읽고 다음 문장에 들어갈 알맞은 낱말을 골라 ○표 해 보세요.

중심
내용

> 세종은 백성들을 위해 (『농사직설』 / 『삼국사기』)을(를) 펴내고 새로운 세금
> 제도를 실시했다.

2 이 글의 내용과 일치하지 <u>않는</u> 것은 무엇인가요? (   )

내용
이해

① 세종은 태종의 뒤를 이어 왕이 되었다.

② 세종은 조선의 현실에 맞는 농사 책을 펴냈다.

③ 세종은 나라의 모든 정책을 혼자서만 결정했다.

④ 세종은 세금 제도를 만들면서 백성들에게 의견을 물었다.

3 다음 백성의 질문에 대한 대답으로 알맞은 것을 골라 보세요. (   )

내용
이해

농사직설?
이 책은 어떤 책
인가요?

?

① 중국의 농사 책을 정리해 만든 책이오.

② 조선의 환경에 알맞은 농사법을 적은 책이오.

③ 어부들이 고기를 잘 잡는 비법을 모은 책이오.

④ 물건을 저렴하게 구매할 수 있는 방법을 적은 책이오.

4 다음 세종 때 실시된 설문 조사에 대한 설명으로 알맞은 것을 골라 보세요. (   )

추론

> **<새로운 세금 제도 시행에 관한 설문 조사 결과>**
> 전체 조사 대상: 17만 2천 명 / 찬성: 9만 8천 명, 반대: 7만 4천 명

① 세종은 설문 조사를 하는 것에 반대했다.

② 백성들은 설문 조사 이후 나라에 세금을 내지 않아도 되었다.

③ 전국에 있는 양반들에게만 세금 제도에 대한 의견을 물어보았다.

④ 세종은 설문 조사 이후 세금 제도를 수정하고 보완하여 새 제도를 실시했다.

5 빈칸을 채우며, 이 글의 내용을 정리해 보세요.

핵심
정리

태종의 뒤를 이어 왕이 된 ㉠ ☐☐ 은 조선의 환경에 알맞은 농사 책인

『㉡ ☐☐☐☐』을 펴냈다. 또 새로운 세금 제도를 실시하는 등

백성을 위한 정치를 펼쳤다.

어휘 학습

6 낱말의 알맞은 뜻을 찾아 선으로 이어 보세요.

어휘
복습

(1) 허점 •   • ① 주의하지 못해 빈틈이 생긴 부분.

(2) 비법 •   • ② 법이나 관습에 의해 세워진 사회적 규칙의 체계.

(3) 제도 •   • ③ 한정된 개인 또는 집단만이 알고 있는 특별한 방법.

7 밑줄 친 낱말의 알맞은 뜻을 골라 번호를 써 보세요.

어휘
적용

환경	① 사람이나 동식물이 살아가는 데 영향을 미치는 자연적 조건이나 상태. 예 우리는 자연 **환경**을 보호해야 한다. ② 생활하는 데 갖추어진 주변 조건이나 상태. 예 전학을 가면 새로운 **환경**에 적응해야 한다.

(1) 비단벌레는 <u>환경</u> 오염으로 없어질 위기에 처했다.   (   )

(2) 할머니는 어려운 <u>환경</u> 속에서도 두 손녀의 뒷바라지를 했다.   (   )

💡 아래에 있는 가로세로 열쇠 힌트를 읽고, 알맞은 키워드를 넣어 가로세로 역사 퍼즐을 완성해 보세요.

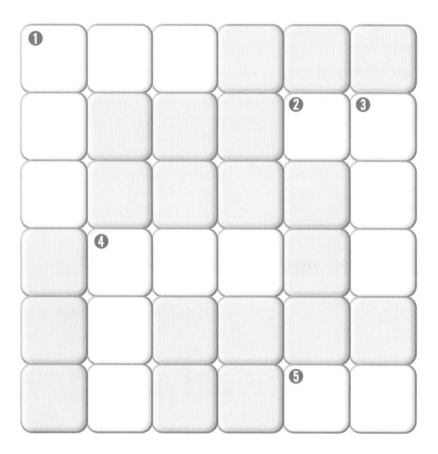

 가로 열쇠

❶ 고려의 충신 ○○○는 새 나라를 세우는 데 반대하다가 결국 이방원의 부하에게 죽고 말았어.

❷ 『○○직설』은 경험 많은 농부들의 농사 비법을 모은 책으로, 세종의 명령으로 만들어졌어.

❹ 조선을 세우고 왕이 된 사람이야.

❺ 세종은 백성들이 ○○을 내는 데 억울함이 없도록 ○○ 제도를 수정해 새로운 제도를 실시했어.

 세로 열쇠

❶ 이성계의 명을 받고 한양을 설계한 사람이야. 경복궁과 사대문의 이름을 지었지.

❸ 신진 ○○○는 고려의 지배층인 권문세족에 대항해 개혁을 주장하는 세력이야. 대표적인 인물로 정몽주가 있어.

❹ 태조 이성계의 다섯 번째 아들이야. 그는 정도전과 세자 방석을 없애고 왕이 되었어.

세종이 한글을 만든 건 알고 있지? 세종 말고도
역사에 중요한 흔적을 남긴 사람들이 많아.
같이 조선 시대로 떠나 확인해 보자!

2주

1443년
훈민정음
창제

1453년
계유정난

1485년
『경국대전』
완성

1519년
현량과 실시

회차	학습 내용	핵심 키워드	교과 연계	학습 계획일
06	**장영실**, 조선의 과학을 발전시키다	☆ 장영실 ☆ 혼천의 ☆ 자격루	【사회 5-2】 1. 옛 사람들의 삶과 문화 ③ 민족 문화를 지켜 나간 조선	월 일
07	백성들에게 우리글을 선물한 **세종**	☆ 세종 ☆ 훈민정음	【사회 5-2】 1. 옛 사람들의 삶과 문화 ③ 민족 문화를 지켜 나간 조선	월 일
08	조카를 몰아내고 왕이 된 **세조**	☆ 세조 (수양대군) ☆ 단종 ☆ 사육신	【사회 5-2】 1. 옛 사람들의 삶과 문화 ③ 민족 문화를 지켜 나간 조선	월 일
09	**조광조**, 개혁을 향한 꿈이 꺾여 버리다	☆ 조광조 ☆ 중종 ☆ 현량과	【사회 5-2】 1. 옛 사람들의 삶과 문화 ③ 민족 문화를 지켜 나간 조선	월 일
10	살아 숨 쉬는 자연을 그린 **신사임당**	☆ 신사임당 ☆ 초충도	【사회 5-2】 1. 옛 사람들의 삶과 문화 ③ 민족 문화를 지켜 나간 조선	월 일
역사 놀이터		키워드 찾기 대작전!		

06

장영실, 조선의 과학을 발전시키다

장영실은 조선에서 가장 유명한 금손인 것 같아! 장영실이 만든 과학 기구들은 무엇이 있을까?

"뚝딱뚝딱!"

늦은 밤, 누군가 궁궐 안에서 망치질을 하며 망가진 물건을 고치고 있었어. 세종은 그가 일하는 모습을 자세히 지켜보았지.

"저자가 ✡장영실인가?"

"네, 전하. 장영실은 원래 지방 관청❶의 노비❷였으나 물건을 다루는 솜씨가 뛰어나 궁궐까지 오게 되었습니다."

'저자라면 조선의 과학 기술을 발전시키고자 하는 내 뜻을 이뤄줄 수 있을 것이야.'

세종은 장영실의 뛰어난 실력을 믿고 중국에 유학까지 보내 주었어.

"농사의 기본은 씨를 뿌리고 곡식을 거두는 시기와 날씨를 정확하게 아는 것이다. 그러니 중국에서 정교한 천문❸ 관측기구❹들을 공부해 오거라."

"저를 믿어 주신 전하의 믿음을 저버리지 않겠습니다!"

1년 뒤, 장영실은 다양한 천문, 과학 책들을 모아 조선으로 돌아왔어. 세종은 장영실을 반기며 말했지.

"네게 관직을 줄 테니, 나라에 필요한 과학 기술을 연구하도록 하라."

원래 노비는 가장 낮은 신분이라 관리가 될 수 없었어. 하지만 세종은 장영실이 재능을 발휘❺할 수 있도록 노비 신분에서 풀어 주고 관직도 주었지. 백성들을 위해 조선의 과학 기술을 발전시키려는 세종의 뜻에 따라 장영실은 뛰어난 과학 기구들을 계속해서 만들어 냈어.

"전하, 이것은 ✡혼천의입니다. 둥근 띠가 별자리의 움직임에 맞게 하루에 한 바퀴씩 돌지요. 그러면 해와 달, 별의 위치를 측정할 수 있습니다."

역사 사전

혼천의
해와 달, 별의 움직임을 측정하는 기구야. 기구에 나타난 하늘의 움직임을 보고 계절의 변화를 알 수 있어.

---

❶ **관청** 나랏일을 하는 기관. ❷ **노비** 옛날에 남의 집이나 나라에 딸려 일을 하던 신분이 낮은 사람. ❸ **천문** 우주, 해, 달, 별과 관련된 온갖 현상과 법칙. ❹ **관측기구** 자연에서 일어나는 일을 살피는 데 쓰는 기구. ❺ **발휘하다** 재능, 능력 따위를 떨쳐 드러내다.

혼천의를 이리저리 살펴보던 세종은 옆에 있는 기구를 가리켰어.

"참으로 신기하구나. 저것은 무엇이더냐?"

"해의 움직임에 따라 그림자로 시각[6]을 알 수 있는 해시계인 앙부일구입니다."

장영실이 앙부일구에 대해 설명하자 세종이 다시 질문을 던졌어.

"그러면 날씨가 흐리거나 비가 오는 날과 같이 해시계를 쓸 수 없을 때는 어떻게 하느냐?"

"물시계인 ☆자격루로 시간을 알 수 있습니다. 자격루는 날씨에 상관없이 시간을 알 수 있는 기계로 물이 일정한 속도로 흐르다 시간이 지나면 동물 인형이 자동[7]으로 종이나 북을 쳐 시간을 알립니다."

이렇게 장영실은 세종을 도와 조선의 과학을 크게 발전시켰어. 혼천의, 앙부일구, 자격루 등 장영실이 만든 다양한 기구들은 농사 등 백성들의 생활에 큰 도움이 되었지.

역사 사전

앙부일구
가마솥처럼 움푹 파인 모양의 해시계야. 뾰족한 바늘이 햇빛을 받으면 그림자가 생기는데, 그림자 위치에 따라 정확한 시간을 알 수 있어. 안에 새겨진 가로선은 계절을, 세로선은 시간을 나타내지.

물이 일정한 속도로 흐르는 원리를 이용해 만들었습니다.

자격루만 있다면 날씨에 상관없이 정확한 시간을 알 수 있겠어.

자격루→

용선생 키워드   ☆장영실   ☆혼천의   ☆자격루

[6] **시각** 어느 한 때.   [7] **자동** 기계나 장치가 일정한 방식에 따라 저절로 움직임.

1

중심
내용

이 글의 중심 내용을 바르게 말한 사람을 찾아 ○표 해 보세요.

㉠ 중국으로 유학을
간 장영실

㉡ 장영실을 노비 신분
에서 풀어 준 세종

㉢ 세종을 도와 조선의
과학을 발전시킨 장영실

2

자료
해석

다음 중 장영실이 만든 기구로 알맞지 <u>않은</u> 것은 무엇인가요? (   )

① 혼천의

② 첨성대

③ 자격루

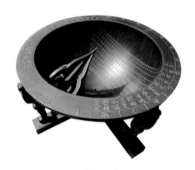

④ 앙부일구

3

인물
이해

이 글의 장영실에 대한 설명으로 알맞은 것은 무엇인가요? (   )

① 원래 지방 관청을 다스리던 관리였다.

② 자동으로 시간을 알리는 물시계인 앙부일구를 만들었다.

③ 궁궐에 들어온 이후에도 계속해서 노비 신분으로 살았다.

④ 하늘의 해, 달, 별의 움직임을 측정할 수 있는 혼천의를 만들었다.

4 빈칸을 채우며, 이 글의 내용을 정리해 보세요.

핵심
정리

조선의 과학을 발전시킨 ㉠		

생애	• 원래 노비였으나 물건 다루는 솜씨가 뛰어나 관리가 되었다. • 세종의 총애를 받으며 다양한 과학 기구들을 발명했다.
만든 기구	• 천문 관측기구인 혼천의를 만들었다. • 해시계인 ㉡ [ ][ ][ ][ ] 와 자동 물시계인 자격루를 만들었다.

어휘 학습

5 낱말의 알맞은 뜻을 찾아 선으로 이어 보세요.

어휘
복습

(1) 관청 •   • ① 나랏일을 하는 기관.

(2) 천문 •   • ② 우주, 해, 달, 별과 관련된 온갖 현상과 법칙.

(3) 관측기구 •   • ③ 자연에서 일어나는 일을 살피는 데 쓰는 기구.

6 밑줄 친 낱말이 잘못 쓰인 문장을 골라 보세요. (   )

어휘
적용

① 선애는 약속한 시각에 맞춰 모임에 나갔다.

② 하다는 농구 경기에서 갈고닦은 실력을 발휘했다.

③ 과학관에서는 별을 관측해 보는 천문 프로그램을 운영한다.

④ 전시장 입구에는 손으로 밀어야 열리는 자동 출입문이 있다.

07

세종 대왕님에게
감사한 마음을 담아
편지를 써 볼까?
맞춤법을 틀리지 않고
잘 써 볼 테야!

백성들에게 우리글을
선물한 세종

역사 사전

28개의 훈민정음

세종이 만든 훈민정음에는 'ㄱ, ㄴ, ㄷ, ㄹ'과 같은 자음 문자 17개와 'ㅏ, ㅑ, ㅓ, ㅕ'와 같은 모음 문자 11개가 있었어. 그런데 시간이 지나 쓰임이 적은 4개는 결국 사라지고 현재는 24개의 글자만 사용하고 있어. 사라진 4개의 글자는 'ㆁ(옛이응), ㆆ(여린히읗), ㅿ(반시옷), ·(아래아)'야.

거기 보아라!
네가 약속하지
않았느냐?

이런
내용인 줄 전혀
몰랐다니까요!

"자, 여기 문서에 적힌 글을 보아라! 네가 빌려 간 쌀을 열 배로 갚겠다고 약속하지 않았느냐?"

"열 배요? 저는 글을 몰라 무작정 손도장을 찍었을 뿐인데……."

한자만 쓰던 옛날에는 백성들이 글을 읽을 줄 몰라 불편함을 겪는 일이 무척 많았어. ☆세종은 그런 백성들을 안타깝게 여겼지.

'백성들에게 한자는 너무 복잡하고 어려운 글자이다. 게다가 백성들은 농사짓기 바빠 따로 글을 배울 여유도 없지.'

세종은 어떻게 하면 백성들이 쉽게 글을 익힐 수 있을지 고민했어.

'백성들이 쉽게 배워 쓸 수 있는 우리 글자를 만들면 되겠구나! 우리말을 표현할 수 있는 새로운 글자를 만들어 보자.'

세종은 매일 늦은 밤까지 우리 글자를 만드는 데 집중했어. 세자도 세종을 도와 글자를 만드는 데 힘을 보탰지.

"세자, 소리를 내 보라. 어떤가?"

"유학, 주격, 저녁, 어어억……. 혀의 뿌리가 목구멍을 막고 있습니다!"

"오호~. 혀뿌리가 목구멍을 막는 모습을 본떠 이 소리를 기역(ㄱ)이라 하자."

이렇게 세종은 혀의 위치, 입술, 목구멍 모양을 본떠 28개의 우리 글자를 만들었어.

"새로 만든 글자를 백성을 가르치는 바른 소리라고 하여 ☆훈민정음(가르칠 훈(訓), 백성 민(民), 바를 정(正), 소리 음(音))이라 하겠다."

---

❶ **문서** 땅이나 집 또는 그 밖의 권리를 표시한 기록. ❷ **한자** 중국에서 만들어져 오늘날까지 사용되는 글자. ❸ **여유** 물질적. 시간적으로 넉넉한 상태.

하지만 신하들은 세종이 만든 훈민정음의 사용을 반대했어.

"전하, 글자를 만들어 사용하는 것은 오랑캐들이나 하는 짓입니다. 한자가 있는데 유교의 나라인 조선에서 어찌 새로운 문자를 만들어 사용한다는 것입니까? 또 학자들이 쉬운 글만 배우게 된다면 학문을 익히는 데에 필요한 한문을 배우려고 하지 않을 것입니다."

그러자 세종은 신하들에게 크게 화를 내며 말했어.

"훈민정음은 백성들을 위해 만든 글자이다. 훈민정음으로 유교의 원리를 풀어낸 책을 만든다면, 백성들도 책을 읽고 유교의 원리를 쉽게 깨달을 것이다. 그런데 어찌 반대만 하는 것인가? 더 이상 반대한다면 가만두지 않을 것이다."

마침내 1446년, 세종은 신하들의 반대를 물리치고 훈민정음을 세상에 반포했어. 양반들은 훈민정음을 무시했지만, 백성들과 여성들 사이에서 훈민정음은 널리 퍼져 나갔지.

"가나다라마바사……. 하루 만에 글자를 모두 외웠어. 정말 쉬운걸?"

"새 울음소리, 바람 소리까지 세상의 모든 소리를 우리글로 쓸 수 있다니!"

세종이 만든 훈민정음은 오늘날까지 이어져 내려와 한글이라는 이름으로 우리가 읽고 쓰고 있어.

용선생 키워드 　✽세종　✽훈민정음

글자를 읽으니 나랏일도 알 수가 있네.

관아에서 알린다!

---

❹ **오랑캐** 언어나 풍습이 다른 민족을 낮잡아 이르는 말. ❺ **원리** 어떤 일의 밑바탕을 이루는 생각이나 이치. ❻ **깨닫다** 이해하여 참뜻을 환하게 알게 되다. ❼ **반포하다** 세상에 널리 퍼뜨려 모두가 알게 하다.

1

중심
내용

이 글의 훈민정음에 대한 설명으로 알맞은 것을 <u>모두</u> 선으로 이어 보세요.

㉠ 세종이 만듦.

㉢ 태종이 만듦.

훈민정음

㉡ 혀의 위치, 입술, 목구멍의
모양을 본떠 만듦.

㉣ 한자를 그대로 가져와 만듦.

2

내용
이해

이 글의 내용과 일치하지 <u>않는</u> 것은 무엇인가요? (   )

① 세종은 28개의 우리 글자를 만들었다.

② 세종은 장영실을 시켜 우리글을 만들게 했다.

③ 한자는 배우기 어려워 일반 백성들이 불편함을 겪었다.

④ 훈민정음은 혀의 위치, 입술, 목구멍 모양을 본떠 만들어졌다.

3

내용
이해

다음 신하의 질문에 대한 세종의 대답으로 알맞은 것은 무엇인가요? (   )

> 저희들의 반대에도 불구하고 훈민정음을 반포하시려는 까닭이 무엇입니까?

① 수도를 옮기는 데 큰 도움이 되기 때문이오.

② 양반들이 훈민정음을 좋아할 것이기 때문이오.

③ 훈민정음이 중국과의 무역에 큰 도움이 되기 때문이오.

④ 백성이 쉽게 배우고 쓸 수 있는 글자를 널리 퍼뜨리고 싶었기 때문이오.

4

내용
적용

다음 신문의 빈칸에 들어갈 내용으로 알맞은 것을 <u>모두</u> 골라 보세요. (,   )

○○ 신문 ================================ 1456년 ○○월 ○○일 ======

훈민정음 반포에 대한 백성들의 생각은?

　　1446년 훈민정음이 반포된 후 10년이 지난 지금, 백성 100명을 대상으로 훈민정음 사용에 대한 의견을 물었다. (……) 백성들은

① 훈민정음을 만든 태종에게 감사의 인사를 전했다.

② 배우기 쉬워 글자를 쓸 수 있는 사람이 많이 생겼다고 한다.

③ 양반 사이에서만 유행해 일반 백성은 잘 쓰지 않는다고 한다.

④ 새 울음소리, 바람 소리 등 세상의 소리를 우리글로 쓸 수 있어 좋다고 했다.

5 빈칸을 채우며, 이 글의 내용을 정리해 보세요.

핵심
정리

세종이 만든 글자 ㉠				이 반포되기까지
배경	㉡		는 복잡하고 어려워 많은 백성들이 불편함을 겪었다.	
원리	세종이 혀의 위치, 입술, 목구멍 모양을 본떠 만들었다.			
결과	세종은 신하들의 반대 의견을 물리치고 세상에 반포했다.			

어휘 학습

6 낱말의 알맞은 뜻을 찾아 선으로 이어 보세요.

어휘
복습

(1) 문서 •　　　　• ① 세상에 널리 퍼뜨려 모두가 알게 하다.

(2) 오랑캐 •　　　　• ② 땅이나 집 또는 그 밖의 권리를 표시한 기록.

(3) 반포하다 •　　　　• ③ 언어나 풍습이 다른 민족을 낮잡아 이르는 말.

7 빈칸에 들어갈 알맞은 낱말을 보기 에서 찾아 문장을 완성해 보세요.

어휘
적용

보기	관청	여유	원리	한자

(1) 우리말의 일부는 ＿＿＿＿＿＿＿로 구성되어 있다.
　　　　└ 중국에서 만들어져 오늘날까지 사용되는 글자.

(2) 병따개는 지렛대의 ＿＿＿＿＿＿＿를 이용해 만들어졌다.
　　　　└ 어떤 일의 밑바탕을 이루는 생각이나 이치.

08

조카를 몰아내고 왕이 된 세조

> 내가 어린 왕이었다면 삼촌인 수양 대군이 참 무서웠을 것 같아. 수양 대군은 누구를 몰아내고 왕이 되었을까?

문종은 충성스러운 신하 김종서에게 아들 *단종*을 잘 부탁한다는 유언[1]을 남기고 죽고 말았어. 열한 살의 어린 나이에 왕이 된 단종은 김종서의 도움을 받아 나라를 다스렸지.

그러자 단종의 삼촌이었던 수양 대군[2]은 나쁜 마음을 품었어.

'어린 아이가 제대로 왕 노릇을 할 수 있겠는가? 김종서 같이 나이 든 신하들에게 휘둘리기만 할 뿐이다! 내가 왕이 되어야겠어!'

왕의 자리가 탐났던 수양 대군은 자신을 따르는 사람들을 모아 놓고 말했지.

"김종서는 왕을 무시하고 나랏일을 마음대로 하더니 이제는 반역[3]까지 저지르려고 한다. 김종서와 그를 따르는 무리들을 없애 나라를 바로잡겠다."

수양 대군은 김종서에게 거짓으로 죄를 뒤집어씌워 없애 버리려 했어. 김종서는 급히 몸을 숨겼지만 이내 들켜서 목숨을 잃고 말았어. 또, 수양 대군은 사람들을 시켜 궁궐 앞에서 기다리고 있다가 김종서와 가까운 사람들이 도착하면 하나씩 죽이도록 했지.

"저자는 김종서와 뜻을 함께 하는 자다, 죽여라!"

"으악!"

이렇게 수양 대군은 난을 일으켜 김종서를 제거한 뒤 권력을 손에 쥐게 됐어.

단종은 삼촌인 수양 대군을 막을 방법이 없었어. 결국 단종은 수양 대군에게 왕의 자리를 넘겼지.

---

❶ **유언** 죽음에 이르러 남긴 말. ❷ **대군** 조선 시대에 왕과 왕비 사이에서 태어난 왕자를 이르는 말. ❸ **반역** 나라와 왕을 배반하는 것.

"내가 어리고 부족해 나라를 다스리기

어려우니, 수양 대군에게 왕위를 넘기

도록 하겠소."

"전하의 뜻이 정 그러시다면, 받들겠습니다."

이렇게 수양 대군은 못 이기는 척 왕의 자리

에 올랐는데, 그가 바로 조선의 일곱 번째 왕,

☆세조야.

하지만 몇몇 신하들은 세조를 왕으로 인정하지 않았어. 이들은 쫓겨난

단종을 다시 왕으로 세우려는 계획을 세웠지. 하지만 그 계획은 시작되기

도 전에 들통이 나고 말았어. 화가 난 세조는 이들을 잡아들였지.

"네 이놈들, 어찌하여 나를 ❹배반하였는가!"

"어찌 나리가 왕이란 말이오? 나의 진짜 왕은 오직 한 분뿐이오."

결국 단종을 다시 왕으로 세우려 했던 신하들은 ❺모진 고문 끝에 죽임을

당했는데, 이때 죽은 여섯 명의 신하를 '☆사육신'이라고 해.

이후 단종은 궁에서 내쫓겨 사람의 발길이 드문 청령포로 ❻유배를 갔어.

❼고달픈 유배 생활을 하던 단종은 결국 그가 다시 왕으로 돌아올 것을 두

려워한 사람들의 손에 목숨을 잃고 말았지.

☆세조(수양 대군)   ☆단종   ☆사육신

역사 사전

청령포

단종이 유배를 간 곳이야.
강원도 영월군에 있지. 삼
면이 강으로 둘러싸여 있
고 험한 산이 겹겹이 싸고
있어. 그래서 사람의 발길
이 잘 닿지 않는 외딴 곳
이었지.

---

❹ **배반하다** 믿음과 의리를 저버리다. ❺ **모질다** 괴로움이나 아픔 따위가 지나치게 심하다. ❻ **유배** 죄지은 사람을
먼 곳으로 보내 살게 하는 벌. ❼ **고달프다** 어려운 일에 시달려서 몹시 괴롭고 힘들다.

1 이 글을 읽고 다음 문장에 들어갈 알맞은 낱말을 골라 ○표 해 보세요.

중심
내용

> 단종의 삼촌인 ㉠(수양 대군 / 이방원)은 단종의 왕위를 빼앗고 왕이 되었는데,
> 그가 바로 조선의 일곱 번째 왕 ㉡(세조 / 태조)다.

2 다음은 세조의 인물 관계도예요. 이 글을 읽고 빈칸에 알맞은 이름을 써 보세요.

인물
이해

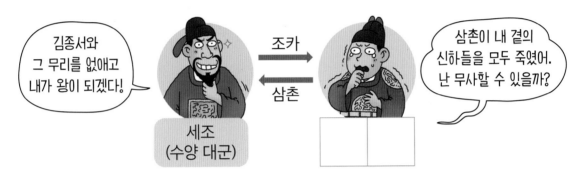

3 이 글을 읽고 일이 일어난 순서대로 기호를 써 보세요.

내용
이해

| ㉠ 단종이 삼촌인 수양 대군에게 왕위를 넘겼다. | ㉡ 단종을 다시 왕으로 세우려던 계획이 실패로 끝났다. | ㉢ 수양 대군이 김종서를 없애고 일인자가 되었다. |

(   ) ➡ (   ) ➡ (   )

4 이 글을 읽고 신하가 세조에게 다음과 같이 말한 까닭을 골라 보세요. (   )

내용
이해

① 세조를 왕으로 인정하지 않았기 때문이다.

② 김종서가 권력을 마음대로 휘둘렀기 때문이다.

③ 세조에게 영원히 충성할 것을 맹세했기 때문이다.

④ 수양 대군이 단종을 도와 나라를 다스렸기 때문이다.

5 빈칸을 채우며, 이 글의 내용을 정리해 보세요.

핵심
정리

수양 대군이 단종 곁에서 정치를 이끈 ㉠ ☐☐☐ 등을

제거하고 권력을 차지했다.

⬇

단종이 수양 대군에게 왕위를 넘기면서 수양 대군이 왕이 되었다.

⬇

세조(수양 대군)는 단종을 다시 왕으로 세우려던 신하들을 없앴다.

이들을 ㉡ ☐☐☐ 이라고 부른다.

어휘 학습

6 뜻풀이에 알맞은 낱말을 골라 ○표 해 보세요

어휘
복습

(1) 나라와 왕을 배반하는 것. ································· (반성 / 반역)

(2) 죄지은 사람을 먼 곳으로 보내 살게 하는 벌. ····················· (유배 / 유언)

(3) 조선 시대에 왕과 왕비 사이에서 태어난 왕자를 이르는 말. ·············· (대군 / 장군)

7 밑줄 친 낱말이 잘못 쓰인 문장을 골라 보세요. (   )

어휘
적용

① 오랫동안 외국에서 살다 보니 몸과 마음이 고달팠다.

② 장군은 반역을 꾀했다는 누명을 쓰고 유배를 가게 되었다.

③ 함께하던 동료의 배반으로 우리의 계획은 무사히 성공했다.

④ 독립운동가는 일본 경찰의 모진 고문에도 입을 열지 않았다.

09 조광조, 개혁을 향한 꿈이 꺾여 버리다

조광조의 거침없는 개혁에 다들 놀란 것 같지? 그의 개혁은 과연 성공했을까?

조선의 열 번째 왕인 연산군은 사치를 즐기고, 신하들을 마구잡이로 죽여 나라를 엉망으로 만들었어. 그러자 신하들은 연산군을 쫓아내고 [☆]중종을 왕으로 세웠지. 갑작스럽게 왕이 된 중종은 자신을 왕으로 세워준 공신들의 눈치를 봐야 했어.

"내 곁에는 증조할아버지이신 세조 때부터 큰 권력을 누려 온 공신들뿐이야. 이들에게 휘둘리지 않으려면 새로운 사람들이 필요해!"

중종은 고민 끝에 [☆]조광조를 떠올렸어. 조광조는 유교의 가르침을 중요하게 여기며 바른말과 바른 행동을 하는 것으로 유명한 신하였지.

'그래, 조광조처럼 꼿꼿한 선비라면 공신들의 눈치를 보지 않고 나를 도울 것이야!'

중종은 조광조에게 큰 힘을 실어 주었어. 조광조는 금세 높은 관직에 오르게 되었지. 그러자 공신들은 불만을 품었어.

"조광조가 벌써 우리와 비슷한 지위에 올랐소! 이게 말이나 됩니까?"

"전하께서 조광조를 밀어주고 있으니 어쩔 수 없습니다. 조광조가 빈틈을 보일 때까지 기다려 봅시다."

조광조는 공신들의 눈치를 보지 않고 나라의 제도를 개혁해 나갔어.

"전하, 지금의 과거 제도는 학문과 덕행을 고루 갖춘 신하를 뽑기에 어려움이 있습니다. 새로운 방식으로 신하를 뽑으십시오."

"어떻게 말인가?"

"전국에서 이름 높은 선비들을 추천 받아 관리로 뽑으십시오."

중종은 조광조의 의견을 받아들여 인재를 추천 받아 관리로 뽑는 제도인

역사 사전

과거
시험을 거쳐 관리를 뽑는 제도야. 조선 시대에는 관리가 되어 출세하려면 과거 시험을 치러야 했지.

---

❶ **사치** 필요 이상의 돈이나 물건을 쓰면서 분수에 지나친 생활을 함. ❷ **공신** 나라나 왕실을 위해 공을 세운 신하. ❸ **증조할아버지** 아버지의 할아버지. ❹ **꼿꼿하다** 마음가짐, 정신이 굳세고 바르다. ❺ **선비** 옛날에 학식이 있고 의리와 원칙을 지키는 사람을 이르는 말. ❻ **덕행** 어질고 너그러운 행동.

✡현량과를 실시했어. 조광조는 현량과로 뽑힌 관리들과 함께 개혁을 이끌어 나갔지. 조광조의 개혁은 여기서 끝나지 않았어.

"전하! 지금의 공신 중에는 아무런 공이 없는 자도 많습니다. 가짜 공신들을 걸러 내서야 합니다."

공신들은 공을 세운 대가로 받았던 많은 땅과 노비를 빼앗길 상황이 되었어. 그러자 공신들은 더 이상 조광조를 두고만 볼 수 없었지.

공신들은 몰래 나뭇잎에 꿀물로 글자를 써서 벌레가 잎을 파먹게 했어. 그리고 우연히 나뭇잎을 발견한 척하며 중종에게 건네주었지.

"전하, 이 나뭇잎을 보십시오. 벌레가 파먹은 글씨가……."

"주초위왕(走肖爲王)? 주(走)와 초(肖)를 합치면 조(趙)가 되니 조씨가 왕이 된다는 글이구나. 조씨라면 조광조?"

중종은 자연스럽게 조광조를 떠올리고 그를 의심하기 시작했어.

'조광조가 개혁을 해야 한다면서 이래라저래라 하는 게 지나쳤었지. 게다가 그를 따르는 무리들이 너무 많아 부담스러워졌단 말이야.'

공신들이 조광조를 ❼헐뜯자 중종은 공신들의 편을 들었어. 조광조가 하루아침에 중종에게 버림을 받으면서 그가 이끌어 온 개혁도 여기서 멈추고 말았지.

용선생
키워드   ✡중종   ✡조광조   ✡현량과

---

❼ **헐뜯다** 남을 해치려고 흠을 들추어내어 말하다.

독해 학습

1 이 글의 중심 내용을 바르게 말한 사람을 찾아 ○표 해 보세요.

중심
내용

㉠ 연산군을 몰아내고 왕이 된 중종

㉡ 조선을 개혁하려다 실패한 조광조

㉢ 나뭇잎에 주초위왕 글씨를 새긴 공신들

2 이 글의 내용과 일치하면 ○표, 일치하지 않으면 ✕표 해 보세요.

내용
이해

(1) 중종은 연산군의 뒤를 이어 왕이 되었다. ( )

(2) 중종은 유교의 가르침을 중요하게 여긴 선비 조광조를 관리로 뽑았다. ( )

(3) 조광조는 나라에 돈을 바친 선비들을 관리로 뽑았다. ( )

3 다음 기자의 질문에 대한 조광조의 대답으로 알맞은 것을 골라 보세요. ( )

내용
적용

중종에게 뛰어난 인재를 관리로 뽑으려면 어떻게 해야 한다고 했습니까?

① 공신들의 자식들을 관리로 뽑으라고 했습니다.
② 과거 시험을 자주 실시해 많은 관리를 뽑으라고 했습니다.
③ 전국에서 이름 높은 선비들을 추천 받아 관리로 뽑으라고 했습니다.
④ 전하께서 직접 전국을 돌아다니며 인재를 찾아 관리로 뽑으라고 했습니다.

4 이 글을 읽고 공신이 다음과 같이 행동한 까닭을 골라 보세요. ( )

내용
이해

나뭇잎에 달콤한 꿀물로 주초위왕이라는 글씨를 써라.

① 나뭇잎을 더욱 맛있게 먹기 위해서
② 조광조를 쫓아낸 중종을 비난하기 위해서
③ 현량과에 추천할 선비들의 이름을 새기기 위해서
④ 왕과 조광조 사이를 이간질해 그를 관직에서 쫓아내기 위해서

5 빈칸을 채우며, 이 글의 내용을 정리해 보세요.

핵심
정리

중종의 지지를 받아 높은 자리에 오른 ㉠ [　][　][　] 는
조선을 개혁하려 했다.

⬇

인재를 추천 받아 관리로 뽑는 제도인 ㉡ [　][　][　] 를 실시했다.

⬇

공을 세우지 않은 가짜 공신들을 걸러 내야 한다고 주장하다가
공신들의 모함을 받아 관직에서 쫓겨났다.

어휘 학습

6 낱말의 알맞은 뜻을 찾아 선으로 이어 보세요.

어휘
복습

(1) 공신 •

(2) 사치 •

(3) 덕행 •

• ① 어질고 너그러운 행동.

• ② 나라나 왕실을 위해 공을 세운 신하.

• ③ 필요 이상의 돈이나 물건을 쓰면서 분수에 지나친 생활을 함.

7 밑줄 친 낱말의 뜻이 다음과 같은 것을 골라 보세요. (　　　　)

어휘
적용

옛날에 학식이 있고 의리와 원칙을 지키는 사람을 이르는 말.

① 황제는 자신의 뒤를 이을 태자를 정했다.
② 옛날에 노비는 재물로 여겨 사고팔 수 있었다.
③ 밤늦게까지 선비의 글 읽는 소리가 끊이지 않았다.
④ 궁녀는 왕의 사랑을 받아 왕비의 자리에까지 올랐다.

살아 숨 쉬는 자연을 그린
신사임당

신사임당이 우리 미술 선생님이었으면 좋겠다! 나도 풀벌레를 살아 숨 쉬는 것처럼 그리고 싶거든.

"얘야, 지금 무얼 하고 있느냐?"

마루에 종이를 펼쳐 놓고 붓을 놀리는 7살 여자아이는 아버지의 물음에도 말이 없었어. 아버지는 딸이 무엇을 그리 골똘히❶ 하고 있는지 궁금해 뒤에서 조용히 바라보았지.

"아니, 저것은……!"

아버지는 어린 딸의 그림을 보고 깜짝 놀랐어. 이름난 화가 안견의 그림을 따라 그리고 있었던 거야.

'우리 딸이 학문만 잘하는 게 아니라 그림에도 소질❷이 있구나.'

아버지를 깜짝 놀라게 한 아이는 바로 ※신사임당이야. 신사임당은 마당에 핀 꽃을 볼 때면 어김없이❸ 종이에 그 모습을 그렸어.

"꽃가지에 여치와 나비 친구들이 놀러 왔구나. 이것들을 함께 그려야지."

신사임당은 자연을 고스란히 화폭❹에 담았어. 햇살이 좋은 어느 날 신사임당이 마당에 둔 그림을 보고 닭이 달려들어 쪼기도 했지. 그림 속의 벌레가 살아 있는 줄 알고 말이야.

신사임당은 결혼을 한 뒤 고향인 강원도 강릉에서 몇 년 동안 살다가 한양으로 떠났어. 신사임당은 강릉의 집에 홀로 남겨진 어머니를 그리워하며 시를 짓기도 했지.

밤마다 달을 보고 기도하네. 생전❺에 한번 뵈올 수 있을까.

---

❶ **골똘히** 한 가지 일에 온 정신을 쏟아 딴생각이 없이. ❷ **소질** 태어날 때부터 가지고 있는 능력이나 재주. ❸ **어김없이** 어기는 일이 없이. ❹ **화폭** 그림을 그리기 위한 천 또는 종이. ❺ **생전** 살아 있는 동안.

▲「맨드라미와 쇠똥구리」

▲「가지와 방아깨비」

신사임당은 7남매를 낳아 기르며 자식들에게 학문을 가르치고, 살아가는 데 필요한 소양을 길러 주었지.

"어진 선비는 권력을 좇지 않는 법, 몸과 마음을 바르게 해야 한단다."

신사임당의 자식 가운데 조선을 대표하는 유학자로 성장한 율곡 이이는 어머니를 떠올리며 이런 글을 남겼어.

"나의 어머니는 먹으로 그림을 매우 잘 그리셨다. 어머니가 그린 포도는 이 세상에 흉내 낼 사람이 아무도 없었다."

신사임당은 일상에서 쉽게 볼 수 있는 자연의 모습을 있는 그대로 그리고자 했어. 신사임당이 그린 초충도를 보면 귀뚜라미 소리와 나비가 날갯짓하는 소리가 들릴 것만 같아. 신사임당은 지금까지 조선 시대를 대표하는 예술가로 인정받고 있어.

역사 사전

초충도

초충도는 풀과 풀벌레, 동물 등을 함께 그려 놓은 그림이야. 위쪽의 초충도는 신사임당의 작품으로 전해지고 있어. 왼쪽부터 「맨드라미와 쇠똥구리」, 「가지와 방아깨비」야.

용선생 키워드   ✵신사임당   ✵초충도

---

❻ **소양** 평소 닦아 놓은 지식이나 교양. ❼ **좇다** 어떤 것을 이루려고 애쓰다. ❽ **유학자** 유학을 깊이 연구하는 사람.

1
중심
내용

이 글의 중심 내용으로 알맞은 것은 무엇인가요? (   )

① 7남매를 낳은 신사임당

② 신사임당에게 영향을 준 안견

③ 조선을 대표하는 예술가 신사임당

④ 신사임당을 떠올리며 글을 남긴 이이

2
자료
해석

다음에서 설명하는 그림과 가장 거리가 <u>먼</u> 그림은 무엇인가요? (   )

초충도는 풀과 풀벌레를 그린 그림. 신사임당은 꽃이나 방아깨비, 나비 등 풀벌레를 자세하게 그렸으며, 개구리나 도마뱀 등 작은 동물을 그려 넣기도 했다.

①

②

③

④

3
인물
이해

이 글의 신사임당에 대한 설명으로 알맞은 것을 <u>모두</u> 선으로 이어 보세요.

• ㉠ 어려서부터 학문과 그림에 뛰어났다.

• ㉡ 평생 동안 강원도 강릉을 벗어나지 않았다.

• ㉢ 자식들에게 학문을 가르쳤으며, 유학자 이이를 길러 냈다.

4 빈칸을 채우며, 이 글의 내용을 정리해 보세요.

핵심
정리

어려서부터 그림에 뛰어난 소질이 있던 ㉠ | | | | 은

조선 시대를 대표하는 예술가로 성장했다.

여러 그림 중 풀과 풀벌레를 그린 ㉡ | | | 가 유명하다.

5 낱말의 알맞은 뜻을 찾아 선으로 이어 보세요.

어휘
복습

(1) 소질 •   • ① 유학을 깊이 연구하는 사람.

(2) 유학자 •   • ② 그림을 그리기 위한 천 또는 종이.

(3) 화폭 •   • ③ 태어날 때부터 가지고 있는 능력이나 재주.

6 보기 에서 알맞은 낱말을 찾아 밑줄 친 말을 바꾸어 써 보세요.

어휘
적용

| 보기 | 생전 | 세금 | 소양 | 총애 |

(1) 할아버지는 살아 있는 동안에 통일이 되는 것을 보고 싶어 하셨다.

➡ 할아버지는 (   )에 통일이 되는 것을 보고 싶어 하셨다.

(2) 아버지는 학자로서 외국 문학에 대한 평소 닦아 놓은 지식이나 교양을 지녔다.

➡ 아버지는 학자로서 외국 문학에 대한 (   )을 지녔다.

키워드 찾기 대작전!

▶ 정답 17쪽

💡 각각의 빈칸에 들어갈 키워드를 아래 글자판에서 찾아 동그랗게 묶고, 해당 번호를 써 보세요.

❶ ○○○은 노비 출신으로 관리가 될 수 없었지만, 세종이 그의 신분을 풀어 주고 관직도 주었어. ○○○이 만든 기구들은 조선의 과학을 크게 발전시켰어.

❷ ○○○○는 해의 움직임에 따라 그림자로 시각을 알 수 있는 해시계야.

❸ 세종이 혀의 위치, 입술, 목구멍 모양을 본떠 만든 28개의 우리 글자를 ○○○○이라고 해.

❹ 수양 대군은 조카 ○○을 몰아내고 왕이 되었어. 그리고 자신에게 위협이 될 만한 사람들을 모두 없앴지.

❺ ○○○는 중종에게 인재를 추천 받아 관리로 뽑는 제도인 현량과를 제안했어. 그는 뽑힌 관리들과 함께 개혁에 앞장섰어.

❻ ○○○○은 시와 그림에 매우 재능이 있었어. ○○○○은 풀과 풀벌레, 동물 등을 함께 그려 놓은 초충도를 그렸지.

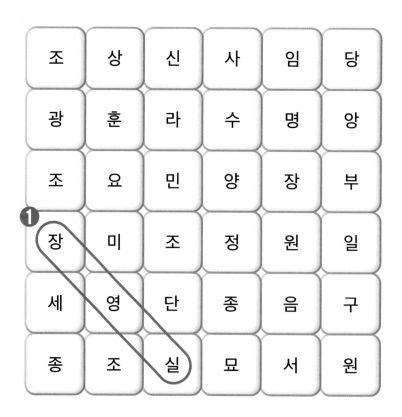

일본군이 조선에 쳐들어왔어.
조선은 어떻게 일본을 물리쳤을까?

3주

○ 1592년 4월
임진왜란

○ 1592년 7월
한산도 대첩

○ 1597년 8월
일본이
다시 쳐들어옴

○ 1597년 10월
명량 대첩

회차	학습 내용	핵심 키워드	교과 연계	학습 계획일
11	조선을 일으키려 힘쓴 천재, **이이**	✡ 이이 ✡ 구도장원공 ✡ 『성학집요』	【사회 5-2】 1. 옛 사람들의 삶과 문화 ③ 민족 문화를 지켜 나간 조선	월 일
12	**임진왜란**, 일본이 조선에 쳐들어오다!	✡ 임진왜란 ✡ 선조의 피란 ✡ 신립	【사회 5-2】 1. 옛 사람들의 삶과 문화 ③ 민족 문화를 지켜 나간 조선	월 일
13	**이순신**, 한산도 앞바다에서 크게 이기다!	✡ 이순신 ✡ 학익진 ✡ 한산도 대첩	【사회 5-2】 1. 옛 사람들의 삶과 문화 ③ 민족 문화를 지켜 나간 조선	월 일
14	**곽재우**, 의병을 이끌고 조선을 지키다!	✡ 곽재우 ✡ 의병 ✡ 홍의 장군	【사회 5-2】 1. 옛 사람들의 삶과 문화 ③ 민족 문화를 지켜 나간 조선	월 일
15	**이순신**, 12척의 배로 일본군을 물리치다!	✡ 이순신 ✡ 명량 대첩	【사회 5-2】 1. 옛 사람들의 삶과 문화 ③ 민족 문화를 지켜 나간 조선	월 일
역사 놀이터		키워드로 비밀 숫자 찾기!		

조선을 일으키려 힘쓴 천재, 이이

> 난 공부를 잘하기 위해 책을 많이 읽고 있어. 이이는 조선을 개혁하기 위해 어떤 노력을 했을까?

✿이이의 어렸을 때 이름은 현룡이었어. 검은 용이란 뜻이지. 어머니 신사임당이 그를 낳던 날, 검은 용이 바다에서 집으로 날아 들어오는 꿈을 꾸었기 때문이야. 현룡은 어려서부터 글공부를 참 좋아했어. 13살에는 어른들과 같이 고을의❶ 진사❷ 시험을 치렀는데, 일등인 장원을 할 정도였지.

"현룡아, 자만하지❸ 말고 끊임없이 학문을 갈고닦아야 한다."

"명심하겠습니다, 어머니!"

이이는 마음가짐을 바르게 하고 부지런히 공부했어. 그리고 23살이 되던 해, 한양에서 열린 과거 시험에서 1등으로 합격하는 장원을 하고 나라의 관리가 되었지.

이이가 장원 급제하고❹ 고향에 돌아오자 사람들이 집집마다 나와 축하해 주었어. 그리고 이이의 영특함에❺ 감탄했지.

"저분이 아홉 차례의 시험에서 모두 장원을 했다지?"

"그래, 그래서 저분의 별명이 ✿구도장원공이래."

관직에 나선 이이는 임금에게 충고를 하고 관리들을 감독하는 기관을 두루 거치면서 관리로서 실력을 인정받았어. 임금인 선조도 늘 이이를 곁에 두고 조선이 나아갈 방향에 대해 묻고 도움을 청했지. 이이는 그럴 때마다 백성들이 불편을 겪고 있는 문제를 바로잡고, 오래돼 낡은 제도들을 뜯어 고쳐야 한다고 조언했어.❻

"전하, 조선은 세워진 지 200여 년이 되었습니다. 적극적인 개혁을 통해 낡은 제도를 새로 고쳐야 합니다."

---

❶ **고을** 옛날에 '마을'이나 '지방'을 이르던 말. ❷ **진사** 조선 시대에 과거 중 하나인 진사시에 합격한 사람. ❸ **자만하다** 스스로 대단하다고 여겨 잘난 척하며 뽐내다. ❹ **급제하다** 과거에 합격하다. ❺ **영특하다** 남달리 뛰어나고 똑똑하다. ❻ **조언하다** 말로 깨우쳐 주어서 돕다.

이이는 임금과 신하들이 함께 유교를 공부하고 나랏일에 대해 토론하는 경연에도 나서서 임금이 해야 할 일을 용감하게 말했어.

"전하, 잘못된 세금 제도로 백성들의 부담이 큽니다. 이를 바로잡아야 합니다."

"전하, 각 도마다 병사를 모아 10만 군대를 길러 두십시오. 혹시 모를 큰일에 대비하셔야 합니다."

나라가 세워진 지 오래됐으니 낡은 제도를 새롭게 고쳐야 합니다.

이이는 끊임없이 나랏일을 걱정하며 개혁을 외쳤어. 그리고 평소 임금에게 조언했던 내용들을 담고, 유교 경전과 역사책에서 임금에게 들려주고 싶은 부분을 뽑아 ☆『성학집요』라는 책을 지어 선조에게 바치기도 했지. 책을 받은 임금은 크게 칭찬했어.

"여기 실린 말은 성현[7]의 말씀이로다. 나라를 다스리는 데 큰 도움이 될 것이야."

선조는 다음 왕들에게도 『성학집요』를 꼭 읽을 것을 권했어. 많은 선비들도 이 책을 읽고, 이이의 생각을 곱씹으며[8] 나랏일을 해 나갔지. 조선을 발전시키고자 했던 그의 정신은 후대[9]까지 남아 전해지게 되었어.

역사 사전

경연

임금이 신하에게 가르침을 받는 토론 수업이야. 주로 유교에서 중요하게 여기는 책의 내용을 다루고, 중요한 나랏일에 대해 토론하기도 했지. 나라를 잘 다스리기 위해 임금도 열심히 공부했다는 것을 알 수 있어.

용선생 키워드   ☆이이   ☆구도장원공   ☆『성학집요』

---

❼ **성현** 지혜가 많고 덕이 높아서 세상 사람들이 본받을 만한 사람. ❽ **곱씹다** 말이나 생각을 다시 곰곰이 생각해 보다. ❾ **후대** 뒤에 오는 세대나 시대.

독해 학습

1 이 글을 읽고 알맞은 선을 그어 중심 문장을 완성해 보세요.
중심
내용

이이는 ──── ㉠ 『경국대전』을 ──── ㉢ 선조에게 ──── 바쳤다.

㉡ 『성학집요』를 ──── ㉣ 어머니에게

2 이 글의 내용과 일치하면 O표, 일치하지 않으면 X표 해 보세요.
내용
이해

(1) 이이는 임금에게 충고를 하고 관리들을 감독하는 기관에서 일했었다. (　　)

(2) 이이는 조선이 세워진 지 200년이 지났으니 적극적인 개혁이 필요하다고
주장했다. (　　)

(3) 선조는 이이가 바친 『성학집요』가 너무 어렵게 느껴져서 도움이 안 된다고
생각했다. (　　)

3 이 글을 읽고 다음 친구가 설명하는 것이 무엇인지 써 보세요.
내용
이해

> 두기: 이 말은 아홉 번의 시험에서 모두 장원을 한 사람이란 뜻으로 조선 시대
> 의 유학자 이이의 별칭이기도 합니다.

4 다음 질문에 대한 이이의 대답으로 알맞은 것을 <u>모두</u> 골라 보세요. (　　,　　)
내용
적용

선조에게 어떤 조언을 하셨나요?

① 잘못된 세금 제도를 바로 잡자고 했습니다.

② 수도를 부산으로 옮기고 남쪽을 발전시키자고 했습니다.

③ 각 도마다 병사를 모아 10만의 군대를 길러 두자고 했습니다.

④ 커다란 배를 만든 다음 유럽으로 보내 서양의 기술을 배워 오자고 했습니다.

5

핵심
정리

빈칸을 채우며, 이 글의 내용을 정리해 보세요.

조선을 일으키려 애쓴 천재 ⊙		
어린 시절	9번의 시험에서 모두 장원을 해 구도장원공이라 불렸다.
주요 활동	• 백성들을 위해 잘못된 세금 제도를 고치자고 했다. • 만일의 사태를 대비하여 10만의 군대를 기르자고 주장했다. • 임금에게 조언하고 싶은 내용을 정리한 『ⓛ 』를 지어 선조에게 바쳤다.

어휘 학습

6

어휘
복습

낱말의 알맞은 뜻을 찾아 선으로 이어 보세요.

(1) 진사 •

(2) 후대 •

(3) 급제하다 •

• ① 과거에 합격하다.

• ② 뒤에 오는 세대나 시대.

• ③ 조선 시대에 과거 중 하나인 진사시에 합격한 사람.

7

어휘
적용

빈칸에 들어갈 알맞은 낱말을 보기 에서 찾아 문장을 완성해 보세요.

보기   고을   성현   영특   자만

(1) 흉년이 들자 _____의 수령은 굶주린 백성들에게 쌀을 나눠 주었다.
  ㄴ 옛날에 '마을'이나 '지방'을 이르던 말.

(2) 무엇을 해야 할지 모를 때 옛 _____들의 글을 읽는 것은 도움이 된다.
  ㄴ 지혜가 많고 덕이 높아서 세상 사람들이 본받을 만한 사람.

12

임진왜란, 일본이 조선에 쳐들어오다!

큰일이야! 일본군이 조선에 쳐들어왔어. 이 소식을 들은 선조는 어떤 결정을 내렸을까?

1592년 4월 13일, 부산 앞바다에 700여 척의 배가 몰려들었어.

"왜군이다! 왜놈들이 쳐들어왔다!"

일본군의 갑작스러운 침략에 부산은 아수라장❶이 되었지. 부산의 동래성을 지키는 관리는 성문을 굳게 닫고 백성들과 함께 일본군을 막아 내려고 애썼어. 하지만 열 배가 넘는 일본군을 당해 내기는 어려웠지. 결국 일본군은 동래성을 무너뜨렸어. 부산을 손에 넣은 일본군은 곧바로 한양을 향해 거침없이 쳐들어갔지. 그러자 조선의 왕 선조는 깜짝 놀랐어.

"왜군이 쳐들어온다고? 신립이라면 그들을 막을 수 있을 것이다!"

신립은 북쪽의 여진족을 여러 번 물리친 용맹한 장수였어. 신립은 왕의 명령을 받아 정예❷ 병사들을 이끌고 충주로 향했지.

"장군! 좁은 고갯길에서 적과 맞서 싸우는 것이 어떻겠습니까?"

"무슨 소리냐! 일본군은 기병❸으로 쓸어버리면 그만이다. 탄금대 앞에 펼쳐진 너른❹ 들판에서 적을 맞아 싸우겠다!"

하지만 신립의 계획은 틀어지고 말았어. 조선의 기병은 조총으로 탄탄하게 무장한 일본군에게 크게 당하고 만 거야. 일본군에게 밀린 조선군은 도망치지도 못하고 탄금대 뒤로 흐르는 강에 빠져 죽었어.

"나의 잘못된 판단으로 우리 군이 크게 지고 말았으니 전하를 다시 뵐 낯이❺ 없구나!"

끝까지 칼을 들고 싸우던 신립도 결국 강에 뛰어들어 죽고 말았어. 신립의 병사들을 물리친 일본군은 곧장 한양으로 올라갔지. 궁궐에 있던 선조는 공포에 휩싸였어.

역사 사전

탄금대
충청북도 충주시에 있는 작은 산이야. 뒤로 강이 흐르고 앞으로 평야가 펼쳐져 있지. 신립 장군은 탄금대 앞의 평야에서 일본군과 맞서 싸웠지만 탄금대까지 밀려 결국 죽음을 맞이했어.

조총
일본이 포르투갈에서 들여온 총이야. 현대의 총과 달리 한 발을 쏘는 데도 시간이 무척 오래 걸리고 멀리 나가지도 못했어. 하지만 수많은 병사가 한꺼번에 조총을 쏘면 많은 병사를 죽일 수 있는 무서운 무기였지.

---

❶ **아수라장** 싸움이 나거나 큰일이 벌어져 몹시 어지러운 상태. ❷ **정예** 매우 날래고 용맹스러움. ❸ **기병** 말을 타고 싸우는 병사. ❹ **너르다** 탁 트여서 크고 넓다. ❺ **낯** 남을 떳떳하게 대하는 모습.

역사 사전

임진왜란
일본군이 부산에 쳐들어
온 1592년부터 일본군이
물러난 1598년까지의 기
나긴 전쟁을 말해.

"안 되겠다. 북쪽으로 피신해 명나라에 도움을 요청해야겠다!"

"전하! 어찌 백성들을 두고 궁궐을 버리신단 말입니까!"

"임금이 있어야 백성이 있는 것이다! 어서 떠날 준비를 하라!"

선조가 피란해⁶ 떠난 후 일본군이 한양으로 들이닥쳤지.

"왕이 도망쳤다고? 어차피 명나라도 정복할 계획이었으니 쫓아가자!"

일본군도 선조를 잡기 위해 북으로 올라가기 시작했어. 일본군이 계속

쫓아온다는 소식에 선조는 무척 놀랐지. 선조는 명나라와의 국경⁷에 있는

의주까지 도망쳤어.

"명나라에 군대를 보내 달라고 요청하라. 그동안 나는 여기 의주에 머무

르겠다."

이렇게 임진년(1592)에 일본군이 조선에 쳐들어와

시작된 전쟁을 임진왜란이라고 해. 일본군은 임금

이 사는 궁궐은 물론 백성들이 사는 마을까지 닥치

는 대로 파괴했어. 일본군이 조선 땅 깊숙이 들어오

자 백성들도 큰 고통을 당했지.

용선생 키워드   ✸임진왜란   ✸신립   ✸선조의 피란

▲ 일본군의 주요 침입로

어서 한양으로 쳐들어가자!

조선의 왕을 잡자! 서둘러 진격하라!

회령, 삼수, 갑산, 의주, 평양, 한양, 충주, 부산, 일본

---

❻ **피란하다** 전쟁 같은 난리를 피해 옮겨 가다. ❼ **국경** 나라와 나라의 영역을 가르는 경계.

1 이 글을 읽고 빈칸에 들어갈 알맞은 낱말을 골라 보세요. (   )

중심
내용

> 1592년, 일본이 조선에 쳐들어와 시작된 전쟁을 _____이라고 한다.

① 임진왜란   ② 살수 대첩   ③ 안시성 전투   ④ 귀주 대첩

2 이 글의 내용과 일치하면 ○표, 일치하지 않으면 X표 해 보세요.

내용
이해

(1) 동래성의 관리와 백성들은 일본군에 바로 항복했다.   (   )

(2) 부산을 손에 넣은 일본군은 한양으로 진격했다.   (   )

(3) 신립은 명나라군을 여러 번 물리친 용맹한 장수였다.   (   )

3 다음 지도에서 ㉠, ㉡에 대한 설명으로 알맞은 것은 무엇인가요? (   )

지도
읽기

① ㉠: 신립은 이곳에서 강에 빠져 죽었다.

② ㉠: 이곳 앞바다에 일본군 배가 몰려들었다.

③ ㉡: 신립은 이곳에서 일본군과 맞서 싸웠다.

④ ㉡: 일본군은 이곳을 피해서 한양으로 이동했다.

4 다음 신하들의 말에 이어질 선조의 대답으로 알맞은 것은 무엇인가요? (   )

내용
이해

> 신하1: 전하! 신립이 패배했다고 합니다! 어서 몸을 피하셔야 합니다!
> 신하2: 안 됩니다! 백성들을 버릴 수 없으니 한양에서 끝까지 싸워야 합니다!

① 강화도로 피란해 적에 맞서야겠다!

② 일본에 항복해서 나의 목숨이라도 지키겠다!

③ 북쪽으로 피란해 명나라에 도움을 청해야겠다!

④ 나는 백성들을 지키기 위해 한양에 남아 끝까지 싸우겠다!

▶ 정답과 풀이 7쪽

5 빈칸을 채우며, 이 글의 내용을 정리해 보세요.

핵심
정리

> 1592년, 일본이 조선에 쳐들어오면서 임진왜란이 시작되었다.

⬇

> ㉠ ☐☐ 장군이 충주의 탄금대에서 일본군에게 크게 패했다.

⬇

> ㉡ ☐☐ 가 의주로 피란하고 명나라에 도움을 요청했다.

어휘 학습

6 뜻풀이에 알맞은 낱말을 골라 ○표 해 보세요

어휘
복습

(1) 말을 타고 싸우는 병사. ·· (**기병** / **보병**)

(2) 전쟁 같은 난리를 피해 옮겨 가다. ····························· (**이사하다** / **피란하다**)

(3) 나라와 나라의 영역을 가르는 경계. ······························· (**국경** / **영토**)

7 다음 설명을 읽고 밑줄 친 사자성어가 잘못 쓰인 문장을 골라 보세요. (   )

어휘
적용

> 인도 신화 속 아수라는 싸움을 좋아하는 귀신이다. 이 아수라들이 사는 곳은
> 끊임없이 싸움이 일어나 몹시 어지러운데, 이곳을 <u>아수라장</u>이라고 한다.

① 마을은 간밤의 물난리로 <u>아수라장</u>이었다.

② 한밤 중 고요한 우리 집은 <u>아수라장</u> 같았다.

③ 시장은 물건을 사려는 사람들로 <u>아수라장</u>이었다.

④ 정전으로 모든 불이 꺼지자 교실은 순식간에 <u>아수라장</u>이 되었다.

13 이순신, 한산도 앞바다에서 크게 이기다!

나도 이순신처럼 미리 대비하는 습관을 길러야 겠어! 이순신은 한산도 앞바다에서 일본군을 어떻게 물리쳤을까?

임진왜란이 일어나기 전, 일찍부터 전쟁을 대비해 온 장수가 있었어. 바로 ☆이순신 장군이야.

'만약 왜군이 조선에 쳐들어온다면 바다를 통해 육지의 왜군에게 무기와 식량을 전달하겠지. 우리 수군은 그걸 어떻게든 막아 내야 해!'

남쪽 바다를 지키는 장군이 된 이순신은 일본의 침략에 대비해 수군을 열심히 훈련시켰어. 튼튼한 배도 여러 척 만들어 두었지.

1592년, 임진왜란이 일어나자 이순신은 수군을 이끌고 나가 싸웠어. 거제도와 옥포 등의 지역에서 여러 차례 일본군을 무찔렀지. 하지만 일본군은 계속해서 조선의 바다를 노렸어. 이순신은 장수들과 모여 일본군을 무찌르기 위한 대책❶ 회의를 했지.

"왜군의 배 70척이 견내량에 있다고 합니다. 견내량으로 바로 쳐들어가 왜군을 무찌른다면 기세를 크게 꺾을 수 있을 것입니다."

이순신은 견내량으로 쳐들어가자는 의견에 반대했어.

"안 됩니다. 우리 배인 판옥선은 크기가 커서 활과 화포❷를 쏘기에 좋지만 대신 이동 속도가 느립니다. 견내량의 좁은 바다에서 맞부딪혀 싸우면 판옥선의 장점을 살리기 어렵습니다."

이순신은 대신 일본군을 한산도 앞으로 끌어내자고 했지.

"먼저 배 몇 척만 보낸 뒤 겁먹은 척 도망치게 하면 왜군이 분명 쫓아 나올 것입니다. 왜군이 견내량에서 한산도 앞의 넓은 바다로 빠져나오는 순간, 학의 날개처럼 그들을 포위하여❸ 공격을 퍼부읍시다."

역사 사전

견내량과 한산도
경상남도 통영시와 거제시 사이에 위치한 바다야. 육지 사이에 끼여 있어 좁고 긴 모양을 하고 있지. 견내량의 좁은 바다에서 나오면 한산도 앞의 넓은 바다가 펼쳐져.

한산도

판옥선
조선 시대 수군의 대표적인 전투선이야. 임진왜란 전부터 왜구들을 물리치는 데 사용했어. 거북선은 판옥선에 거북등 모양의 지붕을 덮어 개조한 배야.

---

❶ **대책** 어떤 일에 대처할 계획이나 방법. ❷ **화포** 화약에 불을 붙여 쏘는 대포. ❸ **포위하다** 빠져나가지 못하게 둘레를 에워싸다.

이렇게 학의 날개처럼 적들을 포위해 공격하는 전술을 ☆학익진이라고 해. 이순신은 이 학익진 전술로 일본군과 맞서 싸울 계획을 세웠지. 드디어 결전의 날이 다가왔어.

"저기 조선의 배가 얼쩡거리고 있다! 이번에는 싹 쓸어버려 주마. 쫓아라!"

이순신의 계획대로 일본 배들이 조선 배를 쫓아 견내량의 좁은 물길에서 한산도 앞바다로 빠져나오기 시작했어. 그러나 일본 배들 앞에는 화포와 화살을 쏠 준비를 마친 조선 배들이 기다리고 있었지.

"지금이다! 화포를 쏘아라!"

"쾅! 쾅!"

일본 배들은 학의 날개처럼 펼쳐진 조선 배에 둘러싸여 꼼짝없이 당할 수밖에 없었어. 조선군이 벼락처럼 쏘아 대는 화포에 일본 배들은 산산이 부서지고 말았지.

"장군, 우리가 크게 이겼습니다!"

이순신의 작전으로 일본군을 크게 무찌른 이 전투를 ☆한산도 대첩이라고 해. 한산도 대첩으로 조선 수군은 바다를 장악하게 됐어. 그 결과, 일본군이 바다를 통해 육지에 있는 일본군에게 무기와 식량을 전달하는 것을 막아 내게 되었지.

 용선생 키워드   ☆이순신   ☆학익진   ☆한산도 대첩

❹ **전술** 전쟁이나 경기에서 상대편과 싸우는 기술과 방법. ❺ **결전** 이기고 지는 승부를 결정짓는 싸움. ❻ **산산이** 여지없이 깨어지거나 흩어지는 모양.

1 이 글의 중심 내용으로 알맞은 것은 무엇인가요? (   )

중심
내용

① 왜군의 배 여러 척이 머무르던 견내량

② 여러 전투에서 공을 세워 장군이 된 이순신

③ 견내량으로 쳐들어가자는 의견에 반대하는 이순신

④ 한산도 앞바다에서 일본군을 크게 무찌른 이순신과 조선 수군

2 이 글의 한산도 대첩에서 조선 수군이 사용한 전술을 순서대로 나열해 보세요.

내용
이해

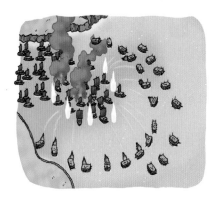

㉠ 견내량에 배 몇 척을 보내 일본 배를 유인한다.

㉡ 학익진을 펼치고 화포를 쏘아 일본 배를 공격한다.

㉢ 일본 배들이 견내량에서 한산도 앞바다로 빠져나오는 순간 일본 배들을 포위한다.

(   ) ➡ (   ) ➡ (   )

3 이 글을 읽고 빈칸에 들어갈 알맞은 낱말을 써 보세요.

자료
해석

• 조선 시대 수군의 대표적인 전투선이다.
• 이동 속도가 느렸다.
• 크기가 커서 활과 화포를 쏘기에 유리했다.

4 이 글을 읽고 다음 질문에 대한 대답으로 알맞은 것을 골라 보세요. (   )

추론

한산도 대첩은 전쟁에 어떤 영향을 주었나요?

① 이순신이 큰 공을 세워 왕이 되었다.

② 일본군도 학익진 전략을 똑같이 따라 하기 시작했다.

③ 조선 앞바다에 일본군의 배가 자유롭게 다니게 되었다.

④ 일본군이 바다를 통해 식량을 전달하는 것을 막을 수 있게 되었다.

5 빈칸을 채우며, 이 글의 내용을 정리해 보세요.

핵심
정리

| 보기 | 배수진 | 신립 | 이순신 | 학익진 |

> ㉠ _____은 일본군의 기세를 꺾기 위해 견내량에서 진을 치고 있던 일본군을 끌어냈다. 일본 배가 쫓아오자 기다리고 있던 조선 수군은 ㉡ _____을 펼쳐 일본군을 크게 무찔렀다. 이 전투를 한산도 대첩이라고 한다.

어휘 학습

6 낱말의 알맞은 뜻을 찾아 선으로 이어 보세요.

어휘
복습

(1) 전술 •　　　　　• ① 이기고 지는 승부를 결정짓는 싸움.

(2) 결전 •　　　　　• ② 빠져나가지 못하게 둘레를 에워싸다.

(3) 포위하다 •　　　　• ③ 전쟁이나 경기에서 상대편과 싸우는 기술과 방법.

7 보기 에서 알맞은 낱말을 찾아 밑줄 친 말을 바꾸어 써 보세요.

어휘
적용

| 보기 | 기병 | 대책 | 전술 | 화포 |

(1) 병사들은 다가오는 적들을 향해 <u>화약에 불을 붙여 쏘는 대포</u>를 쏘았다.

➡ 병사들은 다가오는 적들을 향해 (　　　　　　)를 쏘았다.

(2) 선생님은 소풍날 비가 올 것에 대비해 <u>대처할 계획이나 방법</u>을 미리 세워 두었다.

➡ 선생님은 소풍날 비가 올 것에 대비해 (　　　　　　)을 미리 세워 두었다.

14 곽재우, 의병을 이끌고 조선을 지키다!

> 나도 빨강 티셔츠를 입고 있는데, 히힛! 곽재우가 이끄는 의병은 왜군과 어떻게 맞서 싸웠을까?

조선에 쳐들어온 일본군이 부산을 차지한 뒤 한양으로 쳐들어간다는 소식이 전국에 퍼져 나갔어. 고향에서 학문과 무예를 닦던 선비 ✵곽재우는 나라의 위기 앞에 가만히 있을 수 없었지.

'이대로 왜군들을 두고 볼 순 없다. 내가 비록 나라의 명령을 받은 것은 아니지만 충효를 다하는 선비로서 당연히 나서야 하지 않겠는가!'

곽재우는 직접 칼을 들고 싸우기로 결심했어. 그리고 자신과 함께 나라를 위해 일본군과 맞서 싸울 사람들을 모았지.

"나라를 위해서 모든 걸 걸겠소! 나와 함께 나라를 지킵시다!"

곽재우는 자신의 전 재산을 내놓아 무기를 사 모으고 군대를 꾸렸어. 그를 따르는 무리는 처음에는 수십 명에 불과했지만 점점 늘어나 나중에는 2천 명이나 되었지.

이렇게 나라를 지키겠다는 의로운 마음으로 스스로 일어난 병사를 ✵'의병'이라고 해. 임진왜란 때 전국에서 일어난 의병들은 일본군과 맞서는 데 큰 힘이 되었어. 곽재우는 그중 가장 먼저 의병을 일으킨 사람이었지.

곽재우는 어떻게 하면 일본군과의 싸움에서 이길 수 있을지 끊임없이 고민했어. 일본군은 많은 병사와 좋은 무기를 갖고 있었기 때문이야.

"우리는 저 왜군들에게 두려움을 심어 줘야 한다. 사람들에게 가지가 많이 달린 횃불과 나팔을 주어 산속에 숨어 있게 하여라."

의병들은 곽재우의 명령대로 준비를 하고선 언덕 근처의 수풀에서 숨죽인 채 일본군이 오기만을 기다렸지. 그리고 일본군이 온 순간 곽재우가 벌떡 일어나 소리를 질렀어.

---

❶ **무예** 칼이나 창 쓰기, 활쏘기, 말타기 등에 관한 재주. ❷ **충효** 충성과 효도를 아울러 이르는 말. ❸ **횃불** 기다랗게 묶은 갈대나 나뭇가지에 붙인 불. ❹ **숨죽이다** 숨소리가 들리지 않을 정도로 조용히 하다.

"지금이다! 모두 횃불을 들고 소리를 질러라! 나팔을 불고 화살을 퍼부어라!"

사방이 시끄럽고 여기저기서 화살이 날아오니 일본군은 혼비^⑤백산했어.

"조선군이 이렇게나 많았단 말이냐? 이곳에 갇히면 우리는 끝장^⑥이다. 도망쳐라!"

이렇게 곽재우는 적은 수의 의병으로 일본군을 무찌를 수 있도록 작전을 잘 세웠지.

곽재우는 항상 붉은 옷을 입고 가장 앞에 서서 물러서지 않는 모습을 보였어. 사람들은 그를 보고 '✬홍의 장군'이라고 불렀지. 일본군들도 홍의 장군을 조심하라며 멀리서 붉은 옷만 봐도 피해 다녔다고 해.

그러던 어느 날, 일본군이 진주성을 공격하려 한다는 소식이 들렸어.

'진주성이 무너지면 전라도로 가는 길도 뚫린다. 전라도 땅의 곡식들이 왜군 손에 들어가면 적들의 힘이 더욱 강해질 것이야.'

곽재우는 의병을 보내 진주성을 도왔어. 성 바깥에서는 곽재우의 의병이 일본군을 공격하고 성 안에서는 조선 병사들이 단단히 버티자 일본군은 결국 물러났지. 이처럼 곽재우를 비롯한 조선의 수많은 의병들은 나라를 지키는 데 매우 큰 역할을 했어.

　✬곽재우　　✬의병　　✬홍의 장군

역사 사전

진주성
경상남도 진주시에 있는 성이야. 경상도와 전라도를 연결하는 길목에 있어 임진왜란 때 전라도로 진출하려는 일본군을 막아내는 데 중요한 역할을 한 곳이지.

---

⑤ **혼비백산** 넋이 나갈 정도로 몹시 놀람.　⑥ **끝장** 돌이킬 수 없게 일을 완전히 그르치는 것.

1 이 글을 읽고 빈칸에 들어갈 낱말을 글자판에서 찾아 동그랗게 묶어 보세요.

중심
내용

> ○○은 의로운 마음으로 스스로 일어난 병사들을 부르는 말이다. 곽재우는 임진왜란 때 가장 먼저 ○○을 일으켰다.

홍	시	호
의	민	사
승	병	서

2 이 글의 곽재우에 대해 알맞게 설명한 친구는 누구인가요? (   )

인물
이해

① 수재: 일본군이 쳐들어오자 의주로 피란했어.

② 영심: 임진왜란 때 가장 늦게 의병을 일으켰어.

③ 두기: 일본군이 진주성을 공격하자 의병을 보내 도왔어.

④ 하다: 원래 절에서 수행을 하던 스님이었는데 의병을 일으켰어.

3 다음 의병의 질문에 대한 곽재우의 대답으로 알맞은 것은 무엇인가요? (   )

내용
이해

> 우리보다 왜군의 수가 훨씬 더 많은데 어떻게 무찌르실 생각입니까?

① 학익진을 펼쳐 왜군을 공격할 것이다.

② 기병을 이끌고 정면으로 부딪혀 쓸어버릴 것이다.

③ 왜군보다 더 많은 병사가 모일 때까지 기다릴 것이다.

④ 언덕에서 숨어 있다가 횃불을 들고 나팔을 불며 공격할 것이다.

4 이 글의 곽재우가 자기소개를 하고 있어요. 빈칸에 들어갈 알맞은 낱말은 무엇인가요?

인물
이해

(   )

> 임진왜란이 일어나자 나는 나라를 위해 모든 ㉠ _____을 내놓았지.
> 사람들은 붉은 옷을 입고 다니는 나를 ㉡ _____이라고도 불렀네.

① ㉠: 책 ㉡: 백의 장군   　 ② ㉠: 재산 ㉡: 홍의 장군

③ ㉠: 책 ㉡: 홍의 장군   　 ④ ㉠: 재산 ㉡: 백의 장군

5 빈칸을 채우며, 이 글의 내용을 정리해 보세요.

핵심
정리

| 보기 | 곽재우 | 동래성 | 이순신 | 진주성 |

임진왜란이 일어나자 가장 먼저 의병을 일으킨 ㉠_____은(는) 작전

을 잘 세워 적은 수의 의병으로 많은 수의 왜군을 무찔렀다. 그는 일본군이

㉡_____을 공격하자 의병을 보내 도움을 주었다.

어휘 학습

6 낱말의 알맞은 뜻을 찾아 선으로 이어 보세요.

어휘
복습

(1) 무예 •　　　　• ① 충성과 효도를 아울러 이르는 말.

(2) 충효 •　　　　• ② 기다랗게 묶은 갈대나 나뭇가지에 붙인 불.

(3) 횃불 •　　　　• ③ 칼이나 창 쓰기, 활쏘기, 말타기 등에 관한 재주.

7 밑줄 친 낱말의 뜻이 다음과 같은 것을 골라 보세요. (　　　　)

어휘
적용

넋이 나갈 정도로 몹시 놀람.

① 이모는 사격장에서 백발백중의 솜씨를 보였다.

② 고양이가 어항 속 물고기를 호시탐탐 노리고 있다.

③ 늦잠을 잔 아버지가 허겁지겁 옷을 입고 출근하셨다.

④ 나무꾼은 산에서 곰을 만나자 혼비백산하며 도망쳤다.

이순신, 12척의 배로 일본군을 물리치다!

이순신은 어떻게 12척의 배로 수많은 일본 배를 물리칠 수 있었을까?

☆이순신이 이끄는 수군은 연이어 일본군에게 승리했어. 그런데 수군을 지휘하던 이순신에게 뜻밖의 위기가 찾아왔지.

"전하, 이순신이 함께 싸우는 장수❶를 미워해 공을 가로챘사옵니다."

"뭐라? 참으로 괘씸하군❷."

왕과 신하들은 이순신의 인기를 질투했어. 왕과 신하들은 한양을 버리고 피란했기 때문에 백성들의 원망을 받은 반면, 이순신은 일본군을 무찌르며 백성들에게 인기가 점점 높아졌기 때문이야. 이순신은 결국 한양으로 잡혀 와 모진 벌을 받게 되었어.

이순신이 없는 사이, 조선 수군은 일본군에 크게 지고 말았어.

"전하, 우리 수군이 크게 지고 배를 거의 다 잃었다고 하옵니다. 이순신을 다시 삼도 수군 통제사로 삼아 싸우게 해야 합니다."

"이순신의 빈자리가 크구나! 이순신에게 다시 수군을 맡기도록 하라."

누명❸을 벗고 바다로 돌아간 이순신은 절망❹적인 상황과 마주했어. 일본군에게 크게 진 조선 수군은 남은 병사가 120명밖에 되지 않았지. 싸울 수 있는 배도 12척❺밖에 남아 있지 않았어. 하지만 이순신은 포기하지 않았지.

"살고자 하면 죽을 것이오, 죽고자 하면 살 것이다! 울돌목(명량)의 물살을 이용해 일본군과 맞서 싸우자!"

이순신과 조선 수군은 12척의 배를 타고 나섰어. 이순신은 맨 앞에 서서 울돌목의 물살을 정면으로 맞으며 일본 배들과 맞섰지. 이순신이 탄 배는 거센 물살에 부서질 듯 흔들렸어. 하지만 이순신은 물살이 일본 배 방향으로 바뀔 때까지 버텼어.

역사 사전

삼도 수군 통제사
임진왜란 중에 만들어진 높은 벼슬이야. 경상도, 전라도, 충청도 등 3도의 수군을 이끄는 총사령관이지.

울돌목(명량)
전라남도 진도와 해남 사이에 있는 폭이 좁은 바다야. 폭이 좁으니 바닷물이 무척 빠르게 흘러 물살로 인한 소리도 무척 크지. 그 소리가 마치 바위가 우는 것 같다고 해서 울돌목이라는 이름이 붙었어. 명량은 울돌목을 한자로 바꾼 말이야.

울돌목

---

❶ **장수** 군사를 거느리는 우두머리. ❷ **괘씸하다** 말과 행동이 고약해 못마땅하고 얄밉다. ❸ **누명** 사실이 아닌 일로 억울하게 뒤집어쓰는 죄나 나쁜 평가. ❹ **절망** 희망이 없어져 체념하고 포기함. ❺ **척** 배를 세는 단위.

"조금 더 버텨야 한다!"

"장군! 드디어 물살이 바뀌고

있습니다!"

울돌목의 물살이 바뀌자 수

많은 일본 배들은 회오리처럼

몰아치는 거센 파도에 휩쓸렸

어. 일본 배들은 저들끼리 서로

❻엉키고 부딪히기 시작했지.

"지금이다! 온 힘을 다해 공격을 퍼부어라. 단 한 척의 배도 지나가지 못

하게 하라!"

조선 수군은 ❼혼란에 빠진 일본군을 향해 일제히 화포를 쏘아댔어. 결국

일본군은 수많은 배를 잃고 도망쳤지. 절망적인 상황에서도 이순신은 끝까

지 포기하지 않고 조선의 바다를 지켜낸 거야. 이렇게 명량에서 크게 이긴

전투를 ☆명량 대첩이라고 불러.

이순신에게 밀려난 일본군은 전쟁에서 크게 불리해졌어. 게다가 일본의

우두머리인 도요토미 히데요시가 일본에서 죽어 버리자 결국 일본군은 조

선에서 물러났지. 그렇게 길고 길었던 전쟁도 끝이 났어.

 ☆이순신　☆명량 대첩

---

❻ 엉키다 마구 얽히고 뒤섞이다.　❼ 혼란 마구 뒤섞여 어지럽고 질서가 없음.

1 이 글을 읽고 알맞은 선을 그어 중심 문장을 완성해 보세요.

중심
내용

이순신이 ─── ㉠ 명량에서 ─── ㉢ 명나라군을 ─── 물리쳤다.

─── ㉡ 진주에서 ─── ㉣ 일본군을

2 이 글의 내용과 일치하면 ○표, 일치하지 않으면 X표 해 보세요.

내용
이해

(1) 백성들의 원망을 듣던 왕과 신하들은 이순신의 인기를 질투했다.　　　　（　　　）

(2) 이순신은 120명의 병사로 12척의 일본 배를 물리쳤다.　　　　　　　　　（　　　）

(3) 명량에서 조선 수군에 패배한 일본군은 크게 불리해졌다.　　　　　　　　（　　　）

3 이 글을 읽고 다음 장면 이후에 벌어질 일로 알맞은 것을 골라 보세요. （　　　）

추론

이순신이 한양으로 잡혀가 벌을 받다.

① 이순신이 사약을 먹고 죽다.

② 이순신이 도요토미 히데요시를 없애다.

③ 이순신이 의병을 모아 육지에서 싸우다.

④ 조선 수군이 크게 지자 이순신이 다시 조선 수군을
　 지휘하다.

4 이 글의 이순신이 말한 방법으로 알맞은 것은 무엇인가요? （　　　）

추론

비록 우리의 배는 12척뿐이지만 일본군을 막을 방법은 있다!

① 정면으로 돌격해 일본군의 대장을 먼저 사로잡는 것.

② 나팔을 이용해 소리를 지르며 일본군을 기습하는 것.

③ 울돌목의 물살에 일본 배들이 흔들릴 때 공격하는 것.

④ 일본 배가 지칠 때까지 계속 도망가며 시간을 끄는 것.

5 빈칸을 채우며, 이 글의 내용을 정리해 보세요.

핵심
정리

조선 수군을 지휘하던 ㉠ ☐☐☐ 이 한양으로 불려가

벌을 받는 사이, 조선 수군이 일본군에 크게 졌다.

⬇

다시 수군의 지휘관이 된 그는 ㉡ ☐☐ 의 거센 물살을 이용해

12척의 배로 수많은 일본 배를 물리쳤다.

⬇

도요토미 히데요시가 죽자 일본군이 조선에서 물러났다.

어휘 학습

6 낱말의 알맞은 뜻을 찾아 선으로 이어 보세요.

어휘
복습

(1) 척 •

(2) 장수 •

(3) 혼란 •

• ① 배를 세는 단위.

• ② 군사를 거느리는 우두머리.

• ③ 마구 뒤섞여 어지럽고 질서가 없음.

7 빈칸에 들어갈 알맞은 낱말을 보기 에서 찾아 문장을 완성해 보세요.

어휘
적용

보기   누명   선비   절망   포위

(1) 삼촌은 억울한 _____을 쓰고 일 년 동안 감옥에 갇혔다.
　　　　　└ 사실이 아닌 일로 억울하게 뒤집어쓰는 죄나 나쁜 평가.

(2) 부모님이 돌아가시자 형제는 한동안 슬픔과 _____에 빠져 있었다.
　　　　　　　　　　　　└ 희망이 없어져 체념하고 포기함.

키워드로 비밀 숫자 찾기!

▶ 정답 17쪽

💡 각각의 빈칸에 들어갈 키워드를 아래 글자판에서 찾아 색칠하고, 숨겨진 비밀 숫자를 알아내 보세요.

❶ ○○는 선조에게 조언한 내용을 담고 유학 경전과 역사서에서 임금에게 들려주고 싶은 부분을 뽑아 지은 『성학집요』를 선조에게 바쳤어.

❷ ○○은 북쪽의 여진족을 여러 번 물리친 조선의 용맹한 장수야. 그는 임진왜란 때 탄금대에서 일본군과 전투를 벌였지만 크게 패했어.

❸ 이순신은 학의 날개처럼 적들을 포위해 공격하는 작전인 ○○○으로 한산도 대첩에서 일본군에 승리했어.

❹ 곽재우는 임진왜란이 발생했을 때 조선을 지켜 내기 위해 자신의 재산을 모두 내놓아 ○○을 일으켰어.

❺ 곽재우는 항상 붉은 옷을 입고 가장 앞에 서서 전투를 이끌어 나갔어. 사람들은 그런 곽재우를 ○○ ○○이라고 불렀어.

❻ 이순신이 울돌목의 거센 물살을 잘 이용해 12척의 배로 130척이 넘는 일본군의 배를 막으며 크게 이긴 전투를 ○○ 대첩이라고 해.

경	홍	의	장	군	충
연	이	황	부	명	주
배	학	신	립	량	구
수	익	원	균	여	도
진	진	김	시	민	장
장	의	병	이	이	원

▶ 비밀 숫자는 바로 _____!

임진왜란이 끝나자 북쪽의 여진족이 나라를
세웠어. 조선의 왕들은 어떻게 대응했을까?

4주

16

손홍록과 안의, 『조선왕조실록』을 지켜 내다!

전쟁이 나면 난 가족과 함께 피란할 거야. 그런데 손홍록과 안의는 다른 걸 피란시켰대!

"왜군이 쳐들어오고 있습니다! 전주의 사고가 위험합니다!"

1592년, 임진왜란으로 ☆『조선왕조실록』을 보관하던 사고들이 줄줄이 피해를 입었어. 전주에 있던 사고 역시 위험에 처했지.

"이러다 모든 실록이 없어지게 생겼어!"❶

『조선왕조실록』은 조선의 제1대 왕인 태조 때부터 이후 왕들이 왕위에 있는 동안 나라에서 일어난 일을 정리해 기록한 책이야. 실록에는 왕의 일거수일투족❷뿐만 아니라 정치, 외교❸, 사회 그리고 백성들의 생활 모습까지 적혀 있지. 이렇게 조선의 역사를 담고 있는 『조선왕조실록』이 전쟁으로 없어질 위기에 처하자 선비인 ☆손홍록과 ☆안의가 전주 사고로 찾아왔어.

"비록 우리가 나랏일을 맡은 것은 아니나 나라의 역사가 사라질 위기를 두고 볼 수는 없습니다!"

손홍록과 안의는 평생을 글공부만 한 선비였지만 『조선왕조실록』을 지켜야 한다는 마음 하나로 나섰던 거야. 이들은 실록을 안전한 곳으로 옮기기로 의견을 모았어.

"내장산으로 갑시다. 깊고 험한 산속으로 숨긴다면 안전할 것입니다!"

손홍록과 안의는 사람들을 불러 모아 실록을 옮기기 시작했어.

"영차, 영차!"

"어서 내장산으로 실록을 실어 나릅시다!"

사람들은 실록을 수레에 싣거나 지게로 짊어지고 험한 산속으로 성큼성큼 걸어 들어갔어.

역사 사전

사고
역사의 기록인 실록과 그 외에 중요한 기록들을 보관하기 위해 나라에서 만든 창고야. 원래 춘추관, 충주, 전주, 성주에 사고가 있었는데 임진왜란 때 전주 사고만 빼고 모두 불타 버렸지. 이후에 춘추관, 마니산, 묘향산, 태백산, 오대산에 다섯 개의 사고를 만들었어.

내장산
전라북도 정읍에 위치한 산이야. 손홍록과 안의는 이곳에 실록을 숨겨 두었어.

❶ **실록** 한 임금이 나라를 다스리는 동안에 있었던 일과 그 밖의 사실을 적은 기록. ❷ **일거수일투족** 모든 사소한 동작이나 행동을 가리키는 말. ❸ **외교** 다른 나라와 정치적, 경제적, 문화적 관계를 맺는 일.

손홍록과 안의는 산속에 도착해서도
마음이 놓이질 않았지.

"왜군이 여기까지 쳐들어올지 모르네.
자네와 내가 매일 밤 돌아가면서 실
록을 지키도록 하세!"

"좋소. 내 목숨을 걸어서라도 실록
을 지키겠소."

손홍록과 안의는 번갈아 가며 내장산에 남아 『조선왕조실록』을 지켜 냈
어. 결국 이들의 노력으로 임진왜란 동안 전주 사고에 있던 실록만은 무사
할 수 있었지.

전쟁이 끝난 후, 나라에서는 이들이 지켜 낸 전주 사고의 실록을 바탕으
로 실록을 여러 부 찍어 냈어. 그리고 실록을 새로 만든 전국의 여러 사고
에 나누어 보관했지. 이렇게 지켜 낸 『조선왕조실록』은 오늘날에도 그 가
치를 인정받아서 1997년 유네스코 세계 기록 유산으로 등재되었어.

 용선생 키워드   ☆『조선왕조실록』   ☆손홍록   ☆안의

---

❹ **번갈다** 하나씩 하나씩 차례를 바꾸다. ❺ **부** 신문이나 책을 세는 단위. ❻ **유네스코** 교육, 과학, 문화 교류를 통한
나라간 협력을 이루기 위해 만든 국제 연합 기구. ❼ **등재되다** 일정한 사항이 장부나 대장에 기록되어 올려지다.

독해 학습

1
중심
내용

이 글의 중심 내용으로 알맞은 것은 무엇인가요? (   )

① 『조선왕조실록』에 실린 내용

② 임진왜란으로 피해를 입은 조선의 사고들

③ 유네스코 세계 기록 유산으로 등재된 『조선왕조실록』

④ 전쟁 속에서 『조선왕조실록』을 지켜 낸 손홍록과 안의

2
내용
이해

이 글의 내용과 일치하면 O표, 일치하지 않으면 X표 해 보세요.

(1) 손홍록과 안의는 전주 사고의 실록을 한라산으로 옮겼다. (   )

(2) 『조선왕조실록』에는 그 당시의 왕에 관한 이야기만 있다. (   )

(3) 『조선왕조실록』은 유네스코 세계 기록 유산으로 등재되었다. (   )

3
자료
해석

이 글을 읽고 빈칸에 들어갈 알맞은 낱말을 써 보세요.

- 조선 시대에 실록을 보관하던 곳입니다.
- 임진왜란 전에는 춘추관, 전주, 충주, 성주에 있었습니다.
- 임진왜란으로 일본군이 쳐들어오면서 대부분 불타거나 사라졌습니다.
- 손홍록과 안의는 전주에 있는 이곳의 실록을 내장산으로 옮겼습니다.

4
내용
적용

다음 기자의 질문에 대한 손홍록의 대답으로 알맞은 것을 골라 보세요. (   )

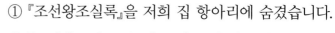

전주 사고에 있던 『조선왕조실록』을 어떻게 지켜 내셨나요?

①『조선왕조실록』을 저희 집 항아리에 숨겼습니다.

②『조선왕조실록』을 전주 사고 앞 땅속에 묻었습니다.

③『조선왕조실록』을 내장산의 깊은 곳으로 옮겼습니다.

④『조선왕조실록』을 짊어지고 배를 타서 바다 건너 울릉도로 숨었습니다.

5 빈칸을 채우며, 이 글의 내용을 정리해 보세요.

핵심
정리

보기	손홍록	장영실	『조선왕조실록』	팔만대장경

글공부를 하던 ㉠ _____과 안의는 임진왜란이 일어나자 전주 사고에

있던 ㉡ _____을 내장산으로 옮겨 지켜 냈다. 이것은 현재까지 남아

그 가치를 인정받고 1997년 유네스코 세계 기록 유산으로 등재되었다.

어휘 학습

6 낱말의 알맞은 뜻을 찾아 선으로 이어 보세요.

어휘
복습

(1) 부 • • ① 신문이나 책을 세는 단위.

(2) 실록 • • ② 일정한 사항이 장부나 대장에 기록되어 올려지다.

(3) 등재되다 • • ③ 한 임금이 나라를 다스리는 동안에 있었던 일과 그 밖의 사실을 적은 기록.

7 보기 에서 알맞은 낱말을 찾아 밑줄 친 말을 바꾸어 써 보세요.

어휘
적용

보기	골똘히	번갈아	외교	일거수일투족

(1) 두 사람은 서울에서 부산까지 한 번씩 차례를 바꾸어 가며 운전을 했다.

➡ 두 사람은 서울에서 부산까지 ( ) 가며 운전을 했다.

(2) 그 지방관은 도적 무리들의 사소한 동작이나 행동 등을 철저하게 감시했다.

➡ 그 지방관은 도적 무리들의 ( )을 철저하게 감시했다.

17 허준, 『동의보감』으로 백성들을 돌보다

허준이 우리 주변에서 쉽게 찾아볼 수 있는 음식의 효능을 『동의보감』에 적어 놓은 이유는 무엇일까?

조선의 백성들은 아파도 의원을 만나 보지도 못하고 질병에 시달리는 일이 많았어. 치료비와 약값이 비쌌기 때문이었지. 의원이었던 허준은 가난한 백성들이 제대로 치료를 받지 못하는 현실이 마음 아팠어.

'나는 신분과 재산에 상관없이 아픈 환자들을 돌볼 것이다. 그게 의원이 해야 할 일이다.'

허준은 병을 고치는 실력이 뛰어나기로 유명했어. 궁궐의 의관으로 특별히 뽑힐 정도로 실력이 좋았지.

"이게 어떻게 된 일인가. 왕자를 치료할 사람이 정녕 없는가!"

선조의 아들 광해군이 왕자일 때, 큰 병에 걸려 죽을 위기에 처했어. 어느 의관도 광해군의 병을 고치지 못하고 있었지. 이때 허준이 나섰어.

"전하, 제가 살려 보겠습니다. 저를 믿고 맡겨 주십시오."

광해군은 허준의 치료를 받아 병을 떨치고 일어났어. 선조는 기뻐했지.

"장하도다! 너에게 높은 벼슬을 내리노라. 지금부터 나의 건강을 담당하는 의관이 되어라."

허준은 임진왜란이 일어났을 때 선조의 건강을 돌보며 피란길을 따라갔어. 피란길을 가는 동안 병으로 고통받는 백성들이 곳곳에 보였지.

"백성들이 병으로 괴로움을 겪으니 안타까울 따름이다. 그대가 우리나라의 의학을 체계적으로 정리해 백성들을 구하라."

선조는 허준에게 백성들을 위한 의학책을 지으라고 명했어.

'백성들 누구나 쉽게 보고 치료할 수 있는 의학책을 만들자!'

그렇게 허준은 의학책을 짓기 시작했지.

---

❶ **의원** 병을 치료하는 일을 하는 사람. ❷ **질병** 몸에 생기는 온갖 병. ❸ **의관** 조선 시대에 궁궐에서 병을 고치는 일을 담당하던 관리. ❹ **벼슬** 옛날에 나랏일을 맡아보던 자리. ❺ **체계적** 부분이 짜임새 있게 맞춰져 통일된 전체를 이루는 것.

그런데 허준이 책을 짓기 시작한 지 얼마되지 않아 선조가 세상을 떠나게 되었어. 허준은 선조를 잘 돌보지 못했다는 이유로 유배를 가고 말았지.

'전쟁과 전염병으로 죽어가는 백성들이 너무 많아. 백성들을 위해서 꼭 책을 완성하겠어.'

허준은 유배지에서도 책을 짓는 것을 멈추지 않았어. 허준은 백성들이 우리 땅에서 나는 ❻약초로 병을 치료할 수 있길 바랐지.

'중국의 약초는 너무 비싸서 백성들이 구할 수 없어. 우리 땅에서 쉽게 구할 수 있는 약초의 ❼효능을 밝혀서 백성들이 스스로 치료하도록 해야 해!'

허준은 유배가 끝나고 얼마 지나지 않아 의학책 ✡『동의보감』을 완성했어. 그리고 왕이 된 광해군에게 『동의보감』을 바쳤지.

"전하, 『동의보감』을 완성하였사옵니다."

"대단한 일을 해냈구나. 그대에게 큰 상을 내리노라."

광해군은 크게 기뻐하며 『동의보감』을 인쇄해 전국에 퍼뜨렸어. 백성들은 이제 『동의보감』을 보고 주변에서 쉽게 약초를 구해 병을 치료할 수 있게 되었지. 『동의보감』의 역사적 가치는 세계적으로 인정받아 2009년에 유네스코 세계 기록 유산으로 등재되었어.

 용선생 키워드　✡허준　✡『동의보감』

---

❻ 약초 약으로 쓰는 풀.　❼ 효능 좋은 결과를 나타내게 하는 능력.

1 이 글의 중심 내용을 바르게 말한 사람을 찾아 ○표 해 보세요.

중심
내용

 ㉠『동의보감』을 만든 허준 □

 ㉡ 광해군을 치료한 허준 □

 ㉢ 피란길을 떠난 허준 □

2 이 글의 『동의보감』에 대한 설명으로 알맞은 것을 <u>모두</u> 골라 보세요. (,   )

내용
이해

① 일반 백성들은 볼 수 없었다.

② 허준이 선조의 명을 받아 지었다.

③ 우리 땅에서 나는 약초의 효능을 밝혔다.

④ 선조가 완성된 『동의보감』을 전국에 퍼뜨렸다.

3 이 글을 읽고 다음 문장에 들어갈 알맞은 낱말을 골라 ○표 해 보세요.

내용
이해

(1) 조선의 (백성 / 왕족)들은 치료비와 약값이 비싸 제대로 치료 받지 못하는 일이 많았다.

(2) 허준은 선조가 죽자 왕을 잘 (돌보았다는 / 돌보지 못했다는) 이유로 유배를 갔다.

(3) 『동의보감』은 (유네스코 / 유니세프) 세계 기록 유산으로 등재되었다.

4 이 글의 허준이 다음과 같이 말한다면 그 까닭은 무엇인가요? (   )

추론

우리 땅에서 쉽게 구할 수 있는 약초와 그 효능도 써 놓아야지.

① 허준이 직접 약초를 키워서 팔아 돈을 벌려고

② 중국의 약초는 가격이 싸서 믿을 수 없으므로

③ 나라에서 외국의 약초를 쓰는 것을 금지했기 때문에

④ 백성들이 병을 치료할 수 있는 약초를 쉽게 구할 수 있도록

5

핵심
정리

빈칸을 채우며, 이 글의 내용을 정리해 보세요.

의관인 ㉠ ▢▢ 은 선조의 명을 받아 백성들을 위한 의학책을 만들었다.

백성들은 그가 지은 의학책 『㉡ ▢▢▢▢ 』을 보고 주변에서 쉽

게 약초를 구해 병을 치료할 수 있었다.

어휘 학습

6

어휘
복습

낱말의 알맞은 뜻을 찾아 선으로 이어 보세요.

(1) 벼슬 •

(2) 의관 •

(3) 효능 •

• ① 좋은 결과를 나타내게 하는 능력.

• ② 옛날에 나랏일을 맡아보던 자리.

• ③ 조선 시대에 궁궐에서 병을 고치는 일을 담당하던 관리.

7

어휘
적용

빈칸에 들어갈 낱말로 알맞은 것을 골라 보세요. (   )

하다: 조선 시대에 제일 으뜸가는 (   )은 무엇인가요?

용선생: 영의정이지. 조선 시대 의정부의 정1품 최고 관직으로 왕과 함께 나랏일을
논의했어. 세종 때 황희 정승은 무려 18년이나 이 자리에 있었대.

① 벼슬   ② 역적   ③ 외적   ④ 의관

18 광해군, 명나라와 후금 사이에서 길을 찾다

전쟁이 또 일어난다면 백성들이 많이 힘들 거야. 광해군은 전쟁을 막기 위해 어떤 외교 전략을 세웠을까?

선조의 뒤를 이어 ☆광해군이 왕이 되었을 무렵, 북쪽에서 큰 변화가 일어났어. 여진족이 힘을 키워 새로운 나라인 후금을 세운 거야. 세력이 커①진 후금은 명나라에 쳐들어가기까지 했어. 다급해진 명나라는 조선에 도와 달라고 요청했지.

조선의 많은 신하들은 명나라를 돕기 위해 군사를 보내야 한다고 말했어. 하지만 광해군의 생각은 달랐지.

"후금은 매우 강하나 명나라는 옛날보다 힘이 약해졌다. 설불리 결정하②기보다는 조금 더 지켜보는 것이 어떻겠느냐?"

"전하, 임진왜란 때 명나라의 도움이 없었다면 우리 조선은 사라진 나라가 되었을 것입니다. 명나라에 군사를 보내 은혜를 갚아야 합니다."③

신하들의 거센 반대에 광해군은 어쩔 수 없이 군대를 보내게 되었어. 하지만 광해군은 무조건 명나라의 편을 드는 외교를 해 후금을 적으로 만들면 조선이 위험해진다고 생각했지. 또다시 전쟁이 일어나면 백성들이 큰 피해를 볼 테니 말이야.

광해군은 아무도 모르게 강홍립 장군을 불렀어.

"명나라 장수들의 명령을 그대로 따르지만 말고,④상황을 지켜보며 패하지 않는 방법을 찾아보시오!"

강홍립은 광해군의 뜻을 깊이 새기고 전쟁터로 향했지. 후금과 몇 번의 전투를 치르고 나니, 후금의 강한 힘을 알 수 있었어. 강홍립은 남은 조선군을

역사 사전

후금
만주 지역의 여진족은 여러 부족으로 나뉘어 서로 다투느라 힘이 약했어. 그런데 누르하치라는 뛰어난 지도자가 나타나 여진족을 하나로 통일하고 후금을 세웠지.

조선,
안 도와줄 거야?

후금

명

흐음,
어떻게 하지?

---

① **세력** 권력이나 기세의 힘. ② **설불리** 서툴고 어설프게. ③ **은혜** 베풀어 주는 고마움이나 이로움. ④ **명령** 윗사람이 아랫사람에게 무엇을 하게 함. 또는 그런 내용.

이끌고 후금에 항복하며 후금과 적이 되고 싶지 않다는 뜻을 전했지.

"조선은 명나라의 요청으로 어쩔 수 없이 왔을 뿐이오. 가능하면 후금과 싸우고 싶지 않소."

강홍립이 후금에 항복하면서 조선과 후금의 갈등도 잠잠해졌어. 이후 광해군은 겉으로 명나라의 편을 들면서도 후금과 적대^❺ 관계를 만들지 않으려고 애를 썼지. 이렇게 어느 한쪽의 편을 들지 않는 외교를 [✚]중립 외교라고 해. 하지만 광해군의 중립 외교에 조선의 신하들은 크게 반발^❻했어.

"무너질 뻔한 조선을 되살려 준 명나라의 은혜를 저버리다니!"

"어머니를 가두고 동생을 죽이더니 은혜마저 모르는 왕이 되었소."

광해군에게 불만을 품은 신하들은 광해군이 새어머니를 궁궐에 가두고 동생인 영창 대군을 내쫓아 죽인 일까지 꺼내 들며 공격했어.

"^❼의리를 목숨처럼 지켜야 하는 나라에서, 어찌 이렇게 의리 없는 행동을 한단 말이오? 왕을 내쫓고 새 왕을 세웁시다!"

결국 신하들은 반란을 일으켜 광해군을 내쫓았어. 그리고 그의 조카인 인조를 왕위에 앉혔지. 이로써 광해군이 지켜 온 중립 외교도 끝이 나고 말았어.

 용선생 키워드   ✚광해군   ✚중립 외교

역사 사전

영창 대군
광해군은 배다른 동생인 영창 대군이 자신의 왕권을 위협한다고 생각했어. 그래서 구실을 만들어 영창 대군을 유배 보낸 다음 죽였지. 그리고 광해군은 영창 대군의 어머니이자 자신의 새어머니인 인목 대비 또한 별궁에 가둬 버렸어. 이 때문에 광해군은 어머니를 가두고 동생을 죽인 비정한 왕이라 비판 받게 되었지.

---

❺ **적대** 적과 같이 대하는 관계. ❻ **반발하다** 남이 하는 일에 거스르거나 반대하다. ❼ **의리** 사람 사이에 마땅히 지켜야 할 도덕.

1

중심
내용

이 글을 읽고 다음 문장에 들어갈 알맞은 낱말을 골라 ○표 해 보세요.

⊙ (광해군 / 중종)이 명나라와 ⓒ (일본 / 후금) 사이에서 중립을 지키자
신하들은 왕을 쫓아내고 인조를 왕위에 앉혔다.

2

내용
이해

이 글의 내용과 일치하면 ○표, 일치하지 않으면 X표 해 보세요.

(1) 거란족이 힘을 키워 새로운 나라인 후금을 세웠다. ( )

(2) 광해군은 동생을 내쫓고 새어머니를 궁궐에 가뒀다. ( )

(3) 명나라는 후금과 싸우기 위해 조선에 도움을 요청했다. ( )

3

인물
이해

이 글의 인물들이 어떤 생각을 했을지 예상해 보고 선으로 이어 보세요.

(1)

광해군

⊙ 임진왜란 때 우리를 도와준
명나라의 편에서만 싸워야 해!

(2)

신하

ⓒ 명나라를 돕더라도 후금과
적이 되어서는 안 돼!

4

내용
이해

이 글의 광해군이 다음과 같이 말한다면 그 까닭은 무엇인가요? ( )

광해군: 강홍립 장군, 명나라 군대를 도와 후금과 싸울 때 명나라 장수의 명령을
따르기보다 상황을 지켜보며 움직이게.

① 후금이 임진왜란 때 조선을 도와주었기 때문이다.

② 후금과 손을 잡고 명나라를 공격해야 하기 때문이다.

③ 후금의 힘이 약하니 후금을 도와줘야 하기 때문이다.

④ 후금을 적으로 만들면 조선이 위험해질 수 있기 때문이다.

5 빈칸을 채우며, 이 글의 내용을 정리해 보세요.

핵심
정리

여진족이 세운 나라인 ㉠ ☐☐ 의 힘이 강해지고, 명나라의 힘이 약해졌다.

↓

명나라를 도우러 갔던 강홍립이 조선군을 이끌고 후금에 항복했다.
이후 광해군은 명나라와 후금 사이에서 중립 외교를 펼쳤다.

↓

조선의 신하들이 광해군을 내쫓고 그의 조카인 ㉡ ☐☐ 를 왕위에 앉혔다.
이로써 광해군의 중립 외교도 끝나게 되었다.

어휘 학습

6 뜻풀이에 알맞은 낱말을 골라 ○표 해 보세요.

어휘
복습

(1) 권력이나 기세의 힘. ·· (세력 / 세상)

(2) 적과 같이 대하는 관계. ··· (우호 / 적대)

(3) 사람 사이에 마땅히 지켜야 할 도덕. ······························· (의견 / 의리)

7 밑줄 친 낱말의 뜻이 다음과 같은 것을 골라 보세요. (   )

어휘
적용

윗사람이 아랫사람에게 무엇을 하게 함.

① 군인들은 장군의 명령에 따라 총을 쏘았다.

② 제비는 박씨를 물어 와 흥부에게 은혜를 갚았다.

③ 두 나라는 적대 관계를 씻어 내고 동맹을 맺었다.

④ 누나는 친구의 일에 앞장서는 의리가 있는 사람이다.

인조,
청나라에 무릎을 꿇다

남한산성으로 몸을 피한 인조는 어떤 선택을 했을까? 싸우느냐, 항복하느냐 그것이 문제로다!

광해군은 명나라에 대한 의리를 저버리고 후금의 눈치를 살폈다는 이유로 신하들에게 쫓겨났어. 광해군 대신 왕이 된 *인조는 신하들의 의견① 을 따라 후금을 멀리하고 명나라와 가깝게 지냈지. 그런데 후금은 날이 갈수록 점점 더 힘이 강해졌어.

"전하, 후금이 청나라로 이름을 바꾸더니 자신들을 황제② 의 나라로 떠받들③ 라고 합니다."

"황제의 나라는 명나라 하나뿐입니다! 받아들이시면 아니 되옵니다!"

신하들이 거세게 반대하자 인조는 청나라의 요청을 거절했어. 그러자 청나라의 군대가 곧바로 조선에 쳐들어왔지. 인조는 청나라 군대를 피해 신하들을 이끌고 *남한산성으로 피란했어.

며칠 후 청나라 군대가 남한산성을 에워쌌어. 청나라의 황제는 조선에 항복을 요구했지.

역사 사전

남한산성
오늘날 경기도 광주시에 있는 성곽으로, 조선 시대에 수도 한양의 남쪽을 지키던 산성이야.

나라가 망하기 전에 항복하소서!

죽을지언정 항복은 아니 되옵니다!

조선은 어서 무릎을 꿇으라!

"전하, 이곳 남한산성에는 아무리 아껴도 겨우 50일 동안 먹을 식량④ 밖에 없습니다. 게다가 지금은 한겨울이라 무척 추워서 우리 군사들이 버티지를 못하고 있습니다."

몇몇 신하들은 나라가 무너질 위기에 빠졌다며 인조에게 청나라와 화친⑤ 을 맺고 전쟁을 끝내야 한다고 주장했어. 그러나 반대하는 신하들의 목소리가 더 컸지.

① **의견** 어떤 대상에 대하여 가진 생각. ② **황제** 왕이나 제후를 거느리고 나라를 다스리는 사람. ③ **떠받들다** 공손히 받들어 섬기다. ④ **식량** 사람이 살기 위해 필요한 먹을거리. ⑤ **화친** 나라와 나라가 다툼 없이 가까이 지냄.

"오랑캐와 화친이라니! 절대 그럴 수는 없습니다. 나라와 목숨을 잃는다 하더라도 끝까지 싸워야 합니다, 전하!"

인조가 고민에 빠진 동안 상황은 갈수록 나빠졌어. 강화도로 피신했던[6] 왕자들이 사로잡히고 왕을 구하러 온 지방의 군대마저 크게 졌지. 결국 인조는 청나라에 항복하기로 했어.

인조는 성 밖으로 나가 청나라 황제 앞에 무릎을 꿇고 항복을 빌었어. 이제 조선은 청나라를 황제의 나라로 떠받들게 됐지. 이 사건을 병자년(1636)에 벌어진 난이라고 해서 ☆병자호란이라고 불러. 호(胡)는 조선이 청나라를 세운 여진족을 낮춰 부르던 말이야.

"앞으로 조선이 뒤에서 꿍꿍이를 부리지 못하도록 조선의 왕자들을 인[7]질로 데려갈 것이다."

청나라 군대는 돌아가면서 조선의 왕자들과 신하 그리고 많은 백성들까지 끌고 갔어. 임진왜란에 이어 일어난 병자호란으로 조선은 또다시 큰 피해를 입게 되었지.

용선생 키워드　☆인조　☆남한산성　☆병자호란

---

❻ **피신하다** 위험을 피하여 몸을 숨기다.　❼ **인질** 어떤 일을 유리하게 이끌려고 잡아 두는 사람.

1 이 글을 읽고 다음 문장에 들어갈 알맞은 낱말을 골라 ○표 해 보세요.

중심
내용

> 인조는 청나라가 조선에 쳐들어오자 남한산성으로 피했지만 결국 청나라에
> 항복했다. 이 사건을 (병자호란 / 임진왜란)이라고 부른다.

2 이 글의 내용과 일치하면 ○표, 일치하지 않으면 X표 해 보세요.

내용
이해

(1) 인조는 후금을 멀리하고 명나라와 가깝게 지냈다. ( )

(2) 남한산성에는 군사들이 먹을 식량이 가득해서 일 년 이상 버틸 수 있었다. ( )

(3) 청나라는 조선의 왕자들과 신하, 많은 백성들을 끌고 돌아갔다. ( )

3 이 글을 영화로 만들었어요. 영화의 장면을 순서대로 나열해 보세요.

내용
적용

㉠ 인조가 남한산성에 피
란했다.

㉡ 청나라 군대가 조선에
쳐들어왔다.

㉢ 인조가 청나라 황제에
게 항복했다.

( ) ➡ ( ) ➡ ( )

4 이 글의 인조가 다음과 같이 말한 까닭으로 알맞지 <u>않은</u> 것은 무엇인가요? ( )

내용
이해

> 인조: 어쩔 수 없구나. 성 밖으로 나가 청나라에 항복하도록 하겠다.

① 왕자들이 인질로 붙잡혔기 때문이다.
② 일본이 보낸 지원군이 청나라 군대에 졌기 때문이다.
③ 남한산성 안의 군사와 식량으로는 버티기 어려웠기 때문이다.
④ 지방에서 올라온 조선군이 모두 청나라 군대에 졌기 때문이다.

5 빈칸을 채우며, 이 글의 내용을 정리해 보세요.

핵심
정리

후금이 ㉠ [ ][ ][ ] 로 나라의 이름을 바꾸고 조선에 쳐들어왔다.

인조는 ㉡ [ ][ ][ ][ ] 으로 피란했으나 청나라 군대가 포위하자

버티지 못하고 결국 항복하고 말았다. 이 사건을 병자호란이라고 한다.

어휘 학습

6 낱말의 알맞은 뜻을 찾아 선으로 이어 보세요.

어휘
복습

(1) 화친 • • ① 사람이 살기 위해 필요한 먹을거리.

(2) 황제 • • ② 나라와 나라가 다툼 없이 가까이 지냄.

(3) 식량 • • ③ 왕이나 제후를 거느리고 나라를 다스리는 사람.

7 빈칸에 들어갈 알맞은 낱말을 보기 에서 찾아 문장을 완성해 보세요.

어휘
적용

보기   의견   인질   피신   효능

(1) 가족들은 전쟁이 나자 안전한 곳으로 _____했다.
  ↳ 위험을 피하여 몸을 숨김.

(2) 은행에 침입한 강도가 시민을 _____로 잡고 돈을 요구했다.
  ↳ 어떤 일을 유리하게 이끌려고 잡아 두는 사람.

20

울릉도와 독도를 지킨 안용복

안용복은 어떻게 울릉도와 독도를 지켜 냈을까? 그의 용기와 지혜가 궁금해!

"오늘은 날씨가 좋으니 고기도 잘 잡히겠지?"

독도 근처에 도착한 조선의 어부들은 기대에 부풀어 있었어. 그중에서 유달리❶ 담대해❷ 보이는 안용복도 그물을 던질 준비를 하며 몸을 바삐 움직였지. 그런데 곧 문제가 생겼어. 일본인들도 고기를 잡으러 독도 근처로 몰려온 거야. 안용복은 얼른 일본인들이 탄 배에 다가갔어.

"이보시오! 왜 우리 조선 땅에 함부로 들어와서 고기를 잡고 있는 것이오? 얼른 나가시오."

"흥! 겁도 없이 덤비다니. 저 놈을 잡아라!"

일본인들은 강제로 안용복을 잡아서 일본으로 끌고 갔어. 안용복은 갑자기 납치되었지만 일본 관리 앞에서 당당하게❸ 따졌지.

"나를 왜 여기까지 끌고 왔소? 조선 사람이 조선 땅에서 고기잡이를 하였는데 무슨 문제가 있단 말이오?"

"울릉도와 독도가 어떻게 조선 땅이란 말인가?"

"울릉도는 오래전부터 우리 조선의 땅이었소. 그리고 우리 조선에서 울릉도까지는 배 타고 하루 거리로 가깝지만, 일본에서 울릉도까지는 배를 타고 다섯 날이나 걸리니 훨씬 멀지 않소? 이렇게 보나 저렇게 보나, 울릉도와 독도가 조선 땅이라는 것은 너무나 당연하오!"

안용복의 당당한 말에 일본 관리는 할 말이 없었어. 결국 일본은 '울릉도와 그 근처 섬들은 모두 조선의 땅이다.'라고 인정하는 내용의 문서를 써준 뒤, 안용복을 조선으로 돌려보냈어.

역사 사전

울릉도와 독도
울릉도는 경상북도에 속한 섬으로, 대한민국의 동쪽 끝에 있어. 독도는 울릉도의 동남쪽에 위치하며 동도와 서도, 두 섬으로 이루어져 있지.

울릉도와 독도

---

❶ **유달리** 다른 것과는 아주 다르게. ❷ **담대하다** 겁이 없고 용감하다. ❸ **당당하다** 남 앞에 내세울 만큼 태도가 떳떳하다.

그 뒤 조선 정부는 일본인이 울릉도에 들어와 고기잡이하는 것을 엄격히 금지시켰고, 일본 정부도 일본인들이 울릉도에 넘어와 고기잡이하는 것을 금지하겠다고 약속했지.

그러나 몇몇 일본인들은 정부의 명령을 지키지 않고 계속해서 울릉도와 독도에 넘어와 고기잡이를 했어. 안용복은 이 문제를 스스로 해결해야겠다고 결심했지.

'다시는 일본인들이 우리의 바다에 와서 고기를 잡지 못하도록 내가 직접 가서 단단히 다짐을❹ 받고 와야겠다.'

안용복은 조선 관리의 옷까지 갖춰 입었어. 일본에 더 강하게 항의하기❺ 위해서 자신이 조선의 관리인 척해야겠다고 생각했던 거야.

"나는 울릉도와 독도를 감독하는 조선의 관리이다! 우리 조선과의 외교 약속을 지키지 않은 일본을 고발하려고❻ 왔다."

안용복은 지도까지 꺼내 들며 울릉도와 독도가 조선의 땅임을 다시 한 번 강력하게 주장했어. 일본 관리는 안용복의 당당한 태도에 감쪽같이 넘어갔지. 결국 일본 정부는 자신들의 잘못을 사과하고 일본인들이 울릉도와 독도로 넘어 들어오지 않게 하겠다고 다시 약속을 했어. 안용복이 울릉도와 독도가 조선의 영토임을❼ 분명히 하고 돌아온 거야.

용선생 키워드   ✵안용복   ✵독도   ✵울릉도

---

❹ **다짐** 이미 한 일이나 앞으로 할 일을 단단히 강조하는 것. ❺ **항의하다** 의견에 맞서거나 옳지 않다고 여겨 따지다.
❻ **고발하다** 다른 사람의 잘못이나 죄를 드러내어 알리다. ❼ **영토** 한 나라의 통치권이 미치는 지역.

1 이 글의 중심 내용으로 알맞은 것은 무엇인가요? (   )

중심
내용

① 조선의 관리를 흉내 낸 안용복

② 독도에서 고기잡이를 한 일본인들

③ 안용복을 일본으로 납치한 일본인들

④ 울릉도와 독도가 조선의 영토임을 확인 받은 안용복

2 이 글의 내용과 일치하면 ○표, 일치하지 않으면 X표 해 보세요.

내용
이해

(1) 일본 정부는 울릉도와 독도가 조선 땅임을 끝까지 인정하지 않았다.   (   )

(2) 안용복은 일본 관리 앞에서 울릉도와 독도가 조선 땅이라고 주장했다.   (   )

(3) 안용복은 일본인들이 계속 울릉도와 독도로 넘어오자 다시 일본에 건너갔다.   (   )

3 이 글을 읽고 빈칸에 들어갈 말로 알맞은 것을 <u>모두</u> 골라 보세요. (,   )

내용
이해

울릉도와 독도는
조선 땅이오! 왜냐하면

안용복

① 조선이 일본보다 강하기 때문이오.

② 울릉도는 오래전부터 우리 조선의 땅이었기 때문이오.

③ 조선이 일본의 땅이었던 울릉도와 독도를 빼앗았기 때문이오.

④ 조선에서는 울릉도와 독도가 가깝지만 일본에서는 훨씬 멀기
   때문이오.

4 이 글의 안용복이 다음과 같이 말한다면, 그 까닭은 무엇인가요? (   )

추론

조선 관리의 옷을 입고 일본으로 건너가야겠어!

① 조선의 관리가 되었기 때문이다.

② 일본 관리와 친하게 지내기 위해서이다.

③ 일본은 조선 관리를 좋아했기 때문이다.

④ 일본에 더 강력하게 항의하기 위해서이다.

5 빈칸을 채우며, 이 글의 내용을 정리해 보세요.

핵심
정리

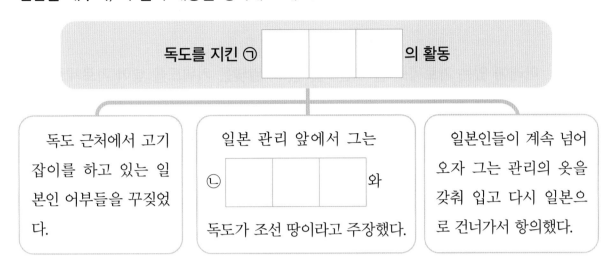

독도를 지킨 ㉠ ⬚⬚⬚ 의 활동

독도 근처에서 고기 잡이를 하고 있는 일본인 어부들을 꾸짖었다.

일본 관리 앞에서 그는 ㉡ ⬚⬚⬚ 와 독도가 조선 땅이라고 주장했다.

일본인들이 계속 넘어오자 그는 관리의 옷을 갖춰 입고 다시 일본으로 건너가서 항의했다.

어휘 학습

6 낱말의 알맞은 뜻을 찾아 선으로 이어 보세요.

어휘
복습

(1) 영토 •

(2) 담대하다 •

(3) 항의하다 •

• ① 겁이 없고 용감하다.

• ② 한 나라의 통치권이 미치는 지역.

• ③ 의견에 맞서거나 옳지 않다고 여겨 따지다.

7 밑줄 친 낱말의 뜻이 다음과 같은 것을 골라 보세요. (　　　)

어휘
적용

이미 한 일이나 앞으로 할 일을 단단히 강조하는 것.

① 사람들이 파놓은 함정에 멧돼지가 잡혔다.

② 누나는 더 이상 물건을 사지 않기로 다짐을 했다.

③ 불법 약품을 판 그 회사는 경찰에 고발을 당했다.

④ 심판의 부당한 판정에 선수들의 항의가 빗발쳤다.

가로세로 키워드 찾기!

▶ 정답 17쪽

아래에 있는 가로세로 열쇠 힌트를 읽고, 알맞은 키워드를 넣어 가로세로 역사 퍼즐을 완성해 보세요.

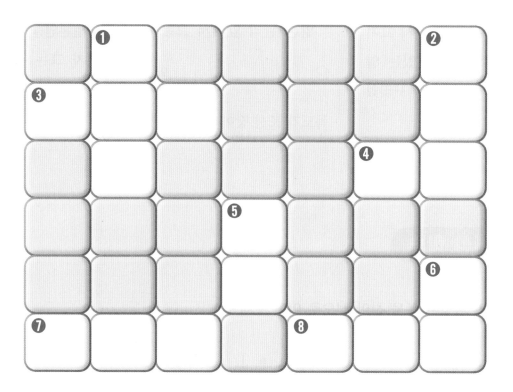

 가로 열쇠

❸ 힘을 키운 후금은 나라 이름을 ○○○로 바꾸고 조선에게 자신들을 황제의 나라로 받들라고 요구했어.

❹ 광해군은 후금과 명나라 사이에서 어느 편도 들지 않는 ○○ 외교를 펼쳤지.

❼ ○○○과 안의는 임진왜란으로 없어질 위기에 처한 『조선왕조실록』을 지켜 냈어.

❽ 조선의 어부로, 홀로 일본으로 건너가 울릉도와 독도가 조선의 영토임을 분명히 한 사람이야.

 세로 열쇠

❶ 조선의 신하들은 임진왜란 때 조선을 도와줬던 ○○○에 은혜를 갚아야 한다고 주장하며 광해군을 쫓아냈어.

❷ 조선군을 이끌고 명나라를 도와서 후금과 전투를 치른 장수야. 광해군의 비밀 명령에 따라 후금에 항복했어.

❺ 선조의 명을 받고 우리나라의 의학을 체계적으로 정리해 『동의보감』을 쓴 사람이야.

❻ 병자호란의 결과, 인조는 청나라에 ○○하고 청나라를 황제의 나라로 떠받들게 되었어.

신하들이 편을 나눠 다투고 있어!
영조와 정조는 어떻게 신하들의
다툼을 없애려 했을까?

5주

○ 1742년
탕평비 건립

○ 1750년
균역법 실시

○ 1776년
규장각 설치

○ 1796년
수원 화성 완공

21 숙종, 신하들의 운명을 뒤바꿔 놓다

> 신하들을 향한 왕의 마음이 자꾸 바뀌면 신하들도 왕의 마음을 얻으려고 더 심하게 다툴 텐데….

☆숙종은 걱정스런 마음을 감출 수 없었어. 곧 있으면 후궁인❶ 희빈❷ 장씨가 아기를 낳거든.

"응애~ 응애~!"

"전하, 축하드리옵니다. 왕자님이십니다."

"희빈, 고생 많으셨소. 흑흑……."

숙종은 왕자가 태어났다는 말에 크게 기뻐했어. 숙종과 왕비 ☆인현 왕후 사이에는 오랫동안 아이가 없었거든. 희빈 장씨가 낳은 왕자가 숙종의 첫 아들이었어.

숙종은 신하들에게 말했어.

"나의 아들이 태어났으니, 장차 내 뒤를 이을 사람으로 삼겠소!"

이 말을 듣고 인현 왕후와 가깝게 지낸 신하들은 깜짝 놀랐어.

"전하, 후궁의 아들이 왕위를 잇다니요. 성급한❸ 결정이십니다."

이들은 희빈 장씨의 아들이 왕이 되면 인현 왕후의 편에 선 자신들이 쫓겨날까 봐 걱정한 거야.

이 말을 들은 숙종은 몹시 화가 났어.

"감히 신하가 내 뒤를 이을 사람을 정하는 데 반대하다니, 용서할 수 없다!"

숙종은 인현 왕후 편에 서서 권력을 쥐고 있던 신하들을 관직에서 쫓아 내고 희빈 장씨의 편에 섰던 신하들에게 높은 관직을 나누어 주었지. 그리 고 후궁이었던 희빈 장씨를 정식 왕비로 임명했어❹. 원래 왕비였던 인현 왕 후를 궁궐 밖으로 내쫓고 말이야.

---

❶ **후궁** 왕이 왕비 외에 곁에 두었던 부인. ❷ **빈** 후궁에게 내려 주던 가장 높은 단계의 벼슬. ❸ **성급하다** 성질이 급 하다. ❹ **임명하다** 일정한 직위나 직무를 남에게 맡기다.

이처럼 권력을 쥐고 있는 신하들을 한꺼번에 급작스럽게[5] 교체하는 걸 ✡환국이라고 해. 숙종은 환국을 통해서 신하들 사이에 싸움을 줄이고 왕의 힘을 강하게 키우려고 했어.

몇 년이 흘렀어. 희빈 장씨의 편에 섰던 신하들도 수년간 큰 권력을 누렸지. 숙종은 이 같은 사실이 못마땅했어[6].

'왕비만 믿고 권력을 함부로 휘두르는 자가 많아졌다. 바로잡아야 해!'

숙종은 새 왕비만 믿고 권력을 함부로 휘두르던 신하들을 관직에서 내쫓았어. 그리고 그들이 쫓겨난 자리를 인현 왕후 편에 섰던 신하들로 채웠지. 또 죄인처럼 숨죽이고 살던 인현 왕후를 다시 궁궐로 불러들여 정식 왕비로 삼았어.

"옛 왕비를 다시 궁궐의 안주인으로[7] 삼겠다!"

숙종의 마음이 변하자 궁궐에서 또다시 큰 변화가 일게 된 거야. 숙종이 신하들의 출세를[8] 결정한 것과 다름없었지. 숙종은 이 같은 환국을 통해 정치를 안정시키려고 했지만 결과는 오히려 정반대였어. 연이은 환국에 불안해진 신하들은 상대편을 죽여 없애야만 자신들이 안전하다고 생각하게 됐고, 신하들 사이의 싸움은 더욱 심해졌지.

용선생 키워드 ✡숙종   ✡인현 왕후   ✡환국

---

[5] 급작스럽다 생각할 겨를도 없이 갑자기 닥친 듯한 느낌이 있다. [6] 못마땅하다 마음에 들지 않아 불쾌하다.
[7] 안주인 집안의 여자 주인. [8] 출세 사회적으로 높은 지위에 오르거나 유명해짐.

1 이 글을 읽고 다음 문장에 들어갈 알맞은 낱말을 골라 ○표 해 보세요.

중심
내용

> 숙종은 권력을 쥐고 있는 신하들을 한꺼번에 급작스럽게 바꾸는 (환국 / 후궁)
> 을 통해 정치를 안정시키려고 했다.

2 이 글의 내용과 일치하면 ○표, 일치하지 않으면 X표 해 보세요.

내용
이해

(1) 인현 왕후는 숙종의 첫째 아들을 낳았다. ( )

(2) 숙종 때 신하들은 인현 왕후와 희빈 장씨 모두와 가깝게 지냈다. ( )

(3) 숙종의 마음이 바뀌면 신하들이 한꺼번에 관직에서 쫓겨나는
일이 벌어졌다. ( )

3 숙종의 인물 관계도예요. 이 글을 읽고 빈칸에 알맞은 이름을 써 보세요.

인물
이해

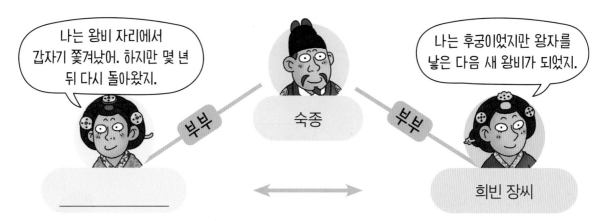

4 이 글의 숙종이 다음과 같이 말한다면 그 까닭은 무엇인가요? ( )

내용
이해

> 옛 왕비인 인현 왕후를 다시 정식 왕비로 앉히고,
> 그녀의 편에 섰던 신하들도 함께 불러들여야겠다.

① 인현 왕후가 아들을 낳았기 때문이다.

② 새 왕비가 된 희빈 장씨가 죽었기 때문이다.

③ 새 왕비의 편에 선 신하들이 함부로 권력을 휘둘렀기 때문이다.

④ 새 왕비의 편에 섰던 신하들이 인현 왕후의 편을 들었기 때문이다.

5 빈칸을 채우며, 이 글의 내용을 정리해 보세요.

핵심
정리

> **보기** 광해군 숙종 전쟁 환국

조선의 왕 ㉠ _____은 희빈 장씨가 아들을 낳은 뒤 환국을 일으

켜 인현 왕후와 그 무리들을 내쫓았다. 이후 새 왕비가 된 희빈 장씨의 편에 선 신

하들이 수년간 큰 권력을 누리자 다시 ㉡ _____을 일으켰다.

어휘 학습

6 낱말의 알맞은 뜻을 찾아 선으로 이어 보세요.

어휘
복습

(1) 빈 •   • ① 왕이 왕비 외에 곁에 두었던 부인.

(2) 출세 •   • ② 후궁에게 내려주던 가장 높은 단계의 벼슬.

(3) 후궁 •   • ③ 사회적으로 높은 지위에 오르거나 유명해짐.

7 빈칸에 들어갈 알맞은 낱말을 골라 보세요. (   )

어휘
적용

하다: 선애야, 너는 세종의 업적 중에서 뭐가 가장 기억나니?

선애: 노비였던 장영실을 관리로 (   )한 게 인상적이야. 신분보다 능력을 중요하
게 여긴 거잖아.

① 납치   ② 임명   ③ 출세   ④ 항의

22

영조, 탕평으로 나라를 안정시키다

> 신하들 사이에 싸움이 심해지자 영조가 특단의 조치를 내놓았대. 영조는 어떤 조치를 내렸을까?

☆영조가 왕이 되었을 때, 신하들끼리 편을 갈라 붕당을 이루고 다투는 일이 매우 심했어. 붕당은 서로 의견이 비슷했던 사람들끼리 모여서 만든 집단이야. 조선 시대의 붕당들은 서로 다른 의견을 나누고 토론하며 나랏일을 이끌어 왔어. 그런데 붕당에 속한 신하들이 점점 서로 다투고 헐뜯기만 하면서 정작 나랏일은 뒷전❶이 되었지.

"저들은 지금 나라를 어지럽히고 있습니다. 관직에서 내쫓아야 합니다."

"아닙니다. 오히려 거짓으로 저희를 모함❷하는 저자들에게 벌을 내려야 합니다."

계속해서 편을 나눠 다투는 신하들에게 영조는 이렇게 말했어.

"신하들이 편을 나누어 다투는 것이 요즘처럼 심한 때가 없었느니라. 신하를 뽑을 때도 자신의 편만 골라 쓰자고 하니, 어떻게 좋은 정책에 대해 이야기할 수 있겠는가? 앞으로는 ☆탕평에 힘써 어느 한편에도 치우치지❸ 않고 공평하게 신하를 뽑아 쓰겠다."

'탕평'이란 '어느 한쪽에 치우치지 않고 공평히 한다.'라는 뜻이야. 영조는 자신의 뜻을 비석에도 새겨 분명히 알리고자 했어.

"두루 잘 지내고 치우치지 않음이 군자❹의 마음이고, 치우치고 두루 잘 지내지 못함이 소인❺의 좁은 마음이다."

이렇게 세운 비석을 '탕평비'라고 해.

편을 나누어 싸움을 하는 것을 멈추어라!

---

❶ 뒷전 뒤로 미루어 놓고 중요하지 않다고 생각하는 것. ❷ 모함하다 나쁜 꾀로 남을 어려운 처지에 빠뜨리다. ❸ 치우치다 균형을 잃고 한쪽으로 쏠리다. ❹ 군자 덕이 높고 어진 사람. ❺ 소인 마음 씀씀이가 좁고 바르지 않은 사람.

영조는 백성들을 괴롭히던 세금 문제도 해결하고자 했어. 특히 군포가 문제였지. 군포란 조선 시대에 성인 남자들이 <u>군역</u>을 하는 대신 냈던 세금을 말해. 그런데 군포를 걷는 과정에서 문제가 발생했어. 관리들이 백성들에게 세금을 많이 걷으려고 부당하게❻ 군포를 걷은 거야.

"우리 아버지는 몇 년 전에 이미 돌아가셨습니다. 돌아가신 분이 왜 군포를 내야 합니까?"

관리들은 죽은 사람뿐만 아니라 갓난아기, 도망간 이웃이나 친척의 군포도 내게 했지. 관리들이 장부에❼ 적힌 대로 거두는 것이라며 몰아세우니 힘없는 백성들은 억울하게 많은 군포를 내야만 했어.

신하들은 군포의 문제를 해결하기 위해 여러 의견을 냈어. 하지만 서로 주장하는 바가 달라 쉽게 결정을 내리지 못했어. 그러자 영조가 큰 결심을 하고 이렇게 말했지.

"앞으로는 백성들이 내는 군포를 반으로 줄이는 <u>✧균역법</u>을 시행하겠다."

영조는 백성들의 부담을 줄이기 위해 군포를 이전에 비해 절반만 거두었어. 부족해진 세금은 왕실의 재산을 내어 보충하거나, 양반에게❽ 거두기도 했지.

이렇게 영조는 탕평책으로 붕당의 싸움을 멈추게 하고, 세금을 조절해 백성들의 고생을 덜어 주며 나라를 안정시켰어.

용선생 키워드　✧영조　✧탕평　✧균역법

역사 사전

군역
군대에 가서 일하는 것을 말해. 조선 시대에 16세 이상의 남자들은 군인으로 일해야 하는 의무가 있었지.

---

❻ 부당하다 마땅히 따라야 할 도리, 이치에 맞지 않다. ❼ 장부 돈이나 물건의 수입과 지출을 기록한 책. ❽ 양반 조선 시대의 지배층으로, 나랏일을 하는 관리가 될 수 있는 신분. 또는 그런 사람.

1 이 글의 중심 내용을 바르게 말한 사람을 찾아 ○표 해 보세요.

중심
내용

㉠ 죽은 사람에게도 군포를 걷은 관리

㉡ 탕평 정치를 하고 백성의 군포 부담을 덜어 준 영조

㉢ 서로 다투느라 나랏일을 소홀히 한 신하들

 ☐    ☐    ☐

2 이 글을 읽고 다음 문장에 들어갈 알맞은 낱말을 골라 ○표 해 보세요.

내용
이해

(1) 영조는 붕당에 (관계없이 / 따라) 신하를 뽑아 쓰려고 했다.

(2) 영조는 탕평의 뜻을 알리기 위해 (순수비 / 탕평비)를 세웠다.

(3) 영조는 (사고 / 왕실)의 재산을 내어 균역법으로 부족해진 세금을 보충했다.

3 이 글을 읽고 빈칸에 공통으로 들어갈 알맞은 낱말을 골라 보세요. (   )

내용
이해

> _____는(은) 조선 시대에 군역을 하는 대신 냈던 세금을 말한다.
>
> 영조는 _____를(을) 반으로 줄이는 균역법을 시행했다.

① 군포   ② 환국   ③ 호패   ④ 현량과

4 이 글의 영조가 다음 비석을 세운 까닭은 무엇인가요? (   )

자료
해석

 탕평비는 1742년 영조가 세운 비석이다. 탕평비에는 "두루 잘 지내고 치우치지 않음이 군자의 마음이고, 치우치고 두루 잘 지내지 못함이 소인의 좁은 마음이다."라고 새겨져 있다.

① 조선 시대에는 하나의 당만 있어서

② 조선의 신하들이 항상 사이좋게 지내서

③ 당시 신하들이 편을 나눠 심하게 다투고 있어서

④ 영조가 하나의 당에서만 신하들을 뽑아 쓰려고 해서

5 빈칸을 채우며, 이 글의 내용을 정리해 보세요.

핵심
정리

```
              영조가 한 일
        ┌──────────────┴──────────────┐
       정치                          경제
어느 한 편에도 치우치지 않고 공평    군포의 양을 반으로 줄여서 거두는
하게 신하를 뽑는 ㉠□□          ㉡□□□        을 시행하여
에 힘썼다.                     백성들의 부담을 덜었다.
```

어휘 학습

6 낱말의 알맞은 뜻을 찾아 선으로 이어 보세요.

어휘
복습

(1) 군자 •   • ① 덕이 높고 어진 사람.

(2) 양반 •   • ② 돈이나 물건의 수입과 지출을 기록한 책.

(3) 장부 •   • ③ 조선 시대의 지배층으로, 나랏일을 하는
                   관리가 될 수 있는 신분.

7 밑줄 친 낱말의 알맞은 뜻을 골라 번호를 써 보세요.

어휘
적용

소인	① 초등학생 정도의 나이가 어린 사람. 예 입장료로 대인은 1,000원, **소인**은 500원을 내면 된다. ② 마음 씀씀이가 좁고 바르지 않은 사람. 예 자기 주장만 옳다고 우기는 사람은 **소인**이다.

(1) 군자는 의리를 따르고 소인은 이익을 따른다.　(　　　)

(2) 박물관은 5세부터 12세까지 소인 요금이 적용된다.　(　　　)

23 정조, 규장각에서 새로운 조선을 꿈꾸다!

규장각에는 나처럼 똑똑한 사람이 많았대. 정조가 만든 규장각에서는 어떤 일을 했을까?

영조의 아들이 일찍 죽으면서 영조의 어린 손자가 다음 왕이 되기로 결정됐어. 바로 ☆정조였지. 정조는 어린 나이에도 할아버지인 영조의 뜻을 잘 따르며 열심히 공부했어.

'할아버지처럼 백성들을 위해 일하는 좋은 왕이 될 거야.'

정조는 매일같이 많은 책을 읽으며 자신의 실력을 갈고닦았어.❶ 영조도 똑똑한 손자를 무척 아꼈지. 정조는 무럭무럭 자라 영조의 뒤를 이어 왕위에 올랐어.

정조가 왕이 되었을 때 여전히 붕당들의 다툼이 남아 있었어. 그래서 정조도 영조의 뜻을 이어받아 탕평으로 정치를 안정시키려 했지.

"할아버지께서 강조하신 '탕평'은 매우 훌륭한 정책이다. 나도 인재를 고를 때 옳고 그름을 분명히 구분해 어느 편에도 치우치지 않을 것이다."

정조는 붕당을 가리지 않고 인재들을 등용하려고❷ 노력했지. 또 궁궐 안에 도서관을 새로 짓고 ☆규장각이라고 이름 지었어.

"지금까지는 왕이 지은 글들을 보관할 곳이 마땅치 않았다. 제대로 된 왕실 도서관인 규장각을 세워 왕의 권위를❸ 바로 세우겠다."

정조는 규장각에 선왕이❹ 남긴 글들은 물론 동서양의 귀한 책을 끌어모아 보관했어. 이뿐만 아니라 정조는 규장각에서 더 많은 일을 하려고 했지.

'세종 대왕께서 집현전을 세워 학자들을 키우고 학문을 연구하게 한 것처럼 나도 규장각에서 인재들을 키워야겠다!'

---

❶ 갈고닦다 학문이나 재주 따위를 힘써 배우고 익히다. ❷ 등용하다 인재를 뽑아서 쓰다. ❸ 권위 특별한 지위나 자격으로 남을 따르게 하는 힘. ❹ 선왕 지금 왕 이전에 있었던 여러 왕.

정조는 젊고 능력 있는 신하들을 뽑아 규장각에 배치했어. 그리고 학문과 정책을 연구하는 데만 집중하도록 했지. 정조는 한 달에 한 번 선생님처럼 규장각에서 수업을 직접 진행하기도 했어.

"오늘은 과인이 수업을 하는 날이다. 이 부분에 대해 말해 보게."

정조는 신하들과 밤늦도록 공부하거나 백성들을 위한 정책을 토론했어.

"나는 규장각에서 새로운 정책들을 고민해 새로운 나라를 만들 것이다. 백성들이 억울함 없이 잘 먹고 잘살고, 나쁜 관리들이 없는 그런 나라 말이다."

정조는 그동안 차별을 받고 있던 서얼들도 규장각에서 일할 수 있도록 했어.

"전하께서 저희들에게 기회를 주셨으니, 최선을 다하겠습니다."

서얼이라는 이유로 나랏일에 참여하기 어려웠던 뛰어난 인재들이 규장각에서 능력을 발휘하게 되었지.

"그럼, 오늘은 이 책을 읽고 이야기를 나누어 볼까? 다들 열심히 읽어 왔겠지?"

이렇게 정조는 규장각에서 오랫동안 품어 왔던 새로운 조선을 그려 나갔어.

용선생 키워드 　 ✦정조 　 ✦규장각

역사 사전

서얼
본부인이 아닌 여자나 첩과의 사이에서 태어난 아들과 그 자손을 말해. 이들은 차별을 받아 과거 시험을 볼 수 없었고, 높은 관직에도 오를 수 없었지.

백성들이 잘살기 위해서는 어떤 정책이 필요한가?

제 생각에는 이러쿵저러쿵….

---

❺ **배치하다** 사람이나 물건을 적당한 자리에 나누어 두다. ❻ **과인** 덕이 적은 사람이란 뜻으로. 임금이 자기를 낮추어 스스로를 말하던 표현. ❼ **차별** 둘 또는 여럿 사이에 차이를 두어서 구별함.

1
중심
내용

이 글을 읽고 다음 문장에 들어갈 알맞은 낱말을 골라 ○표 해 보세요.

> 영조의 손자인 ㉠(세조 / 정조)는 탕평으로 정치를 안정시키는 한편, 궁궐 안에
> ㉡(규장각 / 집현전)이라는 도서관을 지었다.

2
내용
이해

이 글의 내용과 일치하면 ○표, 일치하지 않으면 ✕표 해 보세요..

(1) 정조는 오랫동안 나라를 다스린 아버지의 뒤를 이어 왕이 되었다. (   )

(2) 정조가 왕이 되었을 때 붕당들의 다툼은 사라지고 평화로운 상태였다. (   )

(3) 정조는 그동안 차별을 받고 있던 서얼도 능력만 있다면 규장각에서 일할 수
있게 했다. (   )

3
자료
해석

이 글을 읽고 다음 답사 보고서에서 <u>잘못된</u> 부분을 골라 보세요. (   )

규장각 답사 보고서   날짜: ○○○○년 ○○월 ○○일

▲규장각

① 규장각은 영조가 지은 도서관이다. ② 규장각에는 왕이 지은 글들을 보관했다. 또한 ③ 동서양의 귀한 책들도 보관되어 있다. ④ 정조는 이곳에서 신하들과 함께 백성들을 위한 정책을 만들었다.

4
인물
이해

이 글의 정조에 대한 설명으로 알맞지 <u>않은</u> 것은 무엇인가요? (   )

① 젊고 능력 있는 신하들을 뽑아서 교육했다.

② 붕당을 가리지 않고 인재를 등용하려 했다.

③ 어렸을 때 공부를 게을리하고 책을 안 읽었다.

④ 규장각에서 신하들에게 직접 수업을 진행하기도 했다.

5 빈칸을 채우며, 이 글의 내용을 정리해 보세요.

핵심
정리

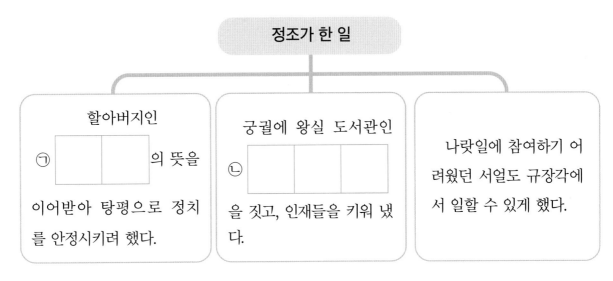

정조가 한 일

할아버지인 ㉠ ☐☐ 의 뜻을 이어받아 탕평으로 정치를 안정시키려 했다.

궁궐에 왕실 도서관인 ㉡ ☐☐ 을 짓고, 인재들을 키워 냈다.

나랏일에 참여하기 어려웠던 서얼도 규장각에서 일할 수 있게 했다.

 어휘 학습

6 낱말의 알맞은 뜻을 찾아 선으로 이어 보세요.

어휘
복습

(1) 배치하다 •   • ① 인재를 뽑아서 쓰다.

(2) 등용하다 •   • ② 학문이나 재주 따위를 힘써 배우고 익히다.

(3) 갈고닦다 •   • ③ 사람이나 물건을 적당한 자리에 나누어 두다.

7 빈칸에 들어갈 알맞은 낱말을 보기 에서 찾아 문장을 완성해 보세요.

어휘
적용

보기   과인   권위   선왕   차별

(1) 임금은 일 년에 두어 번 _____의 능에 행차했다.
   └ 지금 왕 이전에 있었던 여러 왕.

(2) 어머니는 우리 남매를 _____ 없이 사랑으로 키우셨다.
   └ 둘 또는 여럿 사이에 차이를 두어서 구별함.

24

정조가 그린 꿈의 도시, 수원 화성

> 수원 화성이 그렇게 크다면서? 정조는 커다란 수원 화성을 어떻게 지었을까?

정조는 백성이 편안하게 잘사는 나라를 만들려면 큰 개혁이 필요하다고 생각했어. 규장각을 세우고 백성을 위한 정책도 만들어 나갔지만 그것만으로는 부족하다고 생각했지.

'한양을 벗어나 새로운 곳에서 강력한 개혁을 추진하겠어!'

정조는 수원에 새로운 성을 짓고 그곳에서 강력하게 개혁을 이끌기로 마음먹었어. 수원은 예로부터 명당¹으로 꼽힌 데다가 한양과 남쪽 지방을 연결하는 교통의 요지²였기 때문이야.

정조는 아버지 사도 세자의 무덤을 수원의 화산으로 옮기고, 그곳에 살던 백성들을 지금의 수원 팔달산 아래로 옮겨 살게 했지. 이렇게 팔달산 아래 새 마을이 들어서자, 정조는 이 마을 전체를 둘러싸는 성을 세워 자신의 개혁을 펼치기로 했어. 이 성은 바로 수원 화성이야.

정조는 가장 믿음직스러운 신하인 정약용을 불렀어.

"자네가 화성의 설계를 맡아 공사를 잘 이끌어 주게."

"하지만 성을 새로 지으려면 백성들이 너무나 힘들 것입니다."

정조는 정약용과 함께 백성들의 힘을 덜어 줄 좋은 방법을 고민했어. 중국에서 들여온 서양의 과학 기술책을 정약용에게 전해 주기도 했지. 정약용은 책에 파묻혀 동서양³의 건축 기술에 관한 내용을 샅샅이⁴ 연구한 끝에 발명품들을 만들어 냈어.

"전하, 거중기와 유형거를 사용하면 무거운 물건도 원하는 곳까지 쉽게 옮길 수 있습니다."

역사 사전

수원
경기도 남쪽에 위치한 도시야. 정조가 화성을 쌓으면서 커다란 도시로 발전했지.

사도 세자
영조의 아들이자 정조의 아버지야. 영조와 뜻이 맞지 않아 사이가 멀어진 끝에 비극적인 죽음을 맞이했지.

---

❶ 명당 무덤을 만들거니 집을 짓기 좋은 자리. ❷ 요지 정치, 문화, 교통, 군사 등에서 가장 중요한 곳. ❸ 동서양 온 세계를 이르는 말. ❹ 샅샅이 빈틈이 없이 모조리.

정조도 공사에 참여하는 백
성들의 힘을 덜어 줄 방법을
찾아냈지.

"화성을 짓느라 고생한 사람
들에게는 일한 값을 넉넉히
치러 주어라."

정조는 왕실[5]의 돈을 내어

백성들이 일한 값을 제대로 받을 수 있도록 했어. 그러자 백성들은 더욱
신바람[6]이 나서 공사에 참여했지. 덕분에 10년이 걸릴 것이라 예상했던 공
사는 2년 반 만에 끝나게 되었어.

화성이 완성된 후 정조는 화성에 자주 드나들었어[7]. 수원 화성 근처에
있는 아버지의 무덤에 인사를 드렸으며 오가는 길에서는 백성들도 만났지.

"꽹꽹! 꽤꽤꽹!"

"멈추어 보거라. 백성이 꽹과리를 치는 소리 아닌가?"

"전하, 저의 억울한 이야기를 들어주십시오!"

정조는 수원을 오가며 억울함을 호소[8]하는 백성들을 직접 만나 이야기
를 들었어. 그리고 나라에서 도울 수 있는 일이 있다면 최대한 빨리 백성
을 도우라고 명령했지.

새로운 도시, 화성에는 나라를 다시 일으켜 세우고 백성을 편안하게 하
려 한 정조의 마음이 깃들어 있어.

역사 사전

거중기
무거운 물건을 들어 올릴
때 쓰던 기계로, 주로 큰
건물을 지을 때 쓰였어.

유형거
무거운 건축 재료를 나를
때 사용했던 수레로, 기존
의 수레보다 사용하기 편
리했어.

 용선생
키워드　☆정조　☆수원 화성　☆정약용

---

[5] 왕실 임금의 집안. [6] 신바람 신이 나서 어깨가 우쭐거릴 정도로 즐거운 기분. [7] 드나들다 일정한 곳에 자주 오고
가고 하다. [8] 호소하다 억울하고 딱한 사정을 남에게 알리며 도와달라고 하다.

1
중심
내용

이 글의 중심 내용을 바르게 말한 사람을 찾아 ○표 해 보세요.

㉠ 정약용을
믿은 정조

㉡ 수원에 화성을
만든 정조

㉢ 꽹과리 소리가
들리는 수원

2
내용
이해

이 글의 내용과 일치하지 <u>않는</u> 것은 무엇인가요? (   )

① 수원 화성 공사는 2년 반 만에 끝났다.

② 정조는 아버지의 무덤을 수원 화산으로 옮겼다.

③ 정조는 공사에 참여한 백성들에게 일한 값을 주지 않았다.

④ 정약용은 무거운 물건을 쉽게 옮길 수 있는 기계를 만들었다.

3
내용
이해

다음 신하의 질문에 대한 정조의 대답으로 알맞은 것을 골라 보세요. (   )

왜 백성들의 소리를
들어주시는 것인지요? ?

① 수원 화성을 백성들에게 자랑하기 위해서이다.

② 가는 길에 심심하니 이야기를 듣기 위해서이다.

③ 백성들의 억울한 사정을 해결해 주기 위해서이다.

④ 백성들의 이야기를 들어주는 척하며 인기를 끌기
위해서이다.

4
자료
해석

이 글을 읽고 수원 화성을 만들 때 사용했던 기계를 <u>모두</u> 선으로 이어 보세요.

▲ 수원 화성 팔달문

• ㉠ 거중기

• ㉡ 자격루

• ㉢ 유형거

5 빈칸을 채우며, 이 글의 내용을 정리해 보세요.

핵심
정리

| 보기 | 수원 화성 | 장영실 | 정약용 | 진주성 |

정조는 아버지의 무덤을 수원으로 옮기고 ㉠ _____을 지었다. 성의 설계를 맡은 ㉡ _____은 무거운 물건을 쉽게 옮길 수 있는 기계를 만들어 백성들의 고생을 줄여 주었다. 정조는 수원을 오가는 길에 백성들을 만나 억울한 사정을 들어주기도 했다.

어휘 학습

6 낱말의 알맞은 뜻을 찾아 선으로 이어 보세요.

어휘
복습

(1) 왕실 • • ① 임금의 집안.

(2) 명당 • • ② 온 세계를 이르는 말.

(3) 동서양 • • ③ 무덤을 만들거나 집을 짓기 좋은 자리.

7 밑줄 친 낱말의 알맞은 뜻을 골라 번호를 써 보세요.

어휘
적용

| 요지 | ① 정치, 문화, 교통, 군사 등에서 가장 중요한 곳.
예 이곳은 예부터 교통의 **요지**였다.
② 말이나 글에서 핵심이 되는 중요한 내용.
예 대통령이 연설에서 밝힌 **요지**는 다음과 같았다. |

(1) 말을 할 때는 요지를 먼저 밝히는 것이 좋다.　（　　　）

(2) 전쟁이 일어나자 군사상 요지인 이곳을 지키라는 명령이 떨어졌다.　（　　　）

제주도 백성을 구한 김만덕

나처럼 마음씨가 고운 김만덕이 제주도 백성을 도와줬대! 어떤 일을 했을까?

"이런 [●]흉년은 처음 겪어 봅니다. 이러다 우리 제주도 사람들 다 굶어 죽게 생겼습니다."

"하늘도 ^❷무심하시지. 또 태풍이라니! 그래도 임금님께서 우리를 구해 줄 곡식을 배에 실어 보내셨다고 하니, 기다려 보세."

정조가 나라를 다스릴 때에 제주도에 큰 흉년이 들었어. 제주도의 수령은 나라에서 보낸 곡식을 실은 배가 오기만을 기다리고 있었지. 하지만 곡식을 실은 배 대신 나쁜 소식이 전해졌어.

"큰일 났습니다! 태풍으로 배가 ^❸침몰했다고 합니다."

"이럴 수가! 아, 우리 ☆제주도 백성들은 더 이상 버틸 힘이 없는데, 어찌할꼬?"

눈앞이 캄캄해진 수령에게 ☆김만덕이 찾아왔어. 김만덕은 큰돈을 번 여자 ^❹상인이었지.

역사 사전

수령
조선 시대에 지방의 고을을 맡아 다스리던 관리를 말해. 군수나 현령이라고도 하고 원님이라고도 부르지.

"우리 제주도 사람들을 살리고 싶습니다. 제가 그동안 모은 재산과 곡식들을 내놓을 테니, 사람들에게 나눠 주십시오."

"재산을 ^❺기부하겠다고? 정말인가? 고맙네, 정말 고맙네!"

저 분이 김만덕 님이지?

제주도 사람 모두에게 나눠 주세요.

우리를 위해 많은 곡식을 내놓으셨대요!

---

❶ **흉년** 농사가 잘되지 않은 해. ❷ **무심하다** 남의 일에 걱정하거나 관심을 두지 않다. ❸ **침몰하다** 물속에 가라앉다.
❹ **상인** 장사를 직업으로 하는 사람. ❺ **기부하다** 남을 돕기 위해 돈이나 물건을 대가 없이 내놓다.

김만덕은 어렸을 때 부모님이 일찍 돌아가신 뒤, 남의 집에 맡겨져 어렵게 자랐지. 하지만 김만덕은 꿋꿋하고 당당하게 살았어. 특히 장사를 시작하면서 귤, 미역, 말총⁶ 등 제주도의 특산물⁷을 육지에 팔고, 또 육지의 상품을 사들여 제주도에 팔면서 많은 돈을 벌었지.

김만덕은 이렇게 열심히 일해 번 돈으로 곡식을 사서 기부한 거야. 수많은 제주도 백성들은 김만덕 덕분에 굶어 죽을 위기를 넘길 수 있었지. 이 소식은 한양에 있는 정조에게까지 전해졌어. 정조는 김만덕에게 큰 상을 주고 싶어 궁궐로 불렀지.

"나라도 못한 일을 해내다니, 고맙다. 큰 상을 내리고 싶은데, 원하는 것이 있느냐?"

"저는 금강산을 한번 구경해 보는 게 소원이옵니다."

"허허, 그럼 다녀와야지. 모든 고을들은 만덕의 여행을 돕도록 하라."

조선 시대 여인들은 집 밖에 나가는 것도 쉽지 않았어. 그런데 제주도에서 한양까지, 그리고 금강산까지 여행한다니, 그건 정말 대단한 일이었지. 김만덕이 가는 길마다 사람들이 몰려나와 제주도 백성들을 구한 김만덕의 어진 마음을 칭찬하고, 금강산까지 가는 용기에 놀라워했다고 해. 김만덕의 이야기는 책으로까지 만들어져 사람들에게 널리 전해졌어.

 **용선생 키워드** ☆김만덕   ☆제주도 백성

---

❻ **말총** 말의 꼬리털로 갓이나 활, 망건 등을 만드는 재료. ❼ **특산물** 어떤 지역에서 특별하게 나는 물건.

1 이 글의 김만덕에 대한 설명으로 알맞은 것을 <u>모두</u> 선으로 이어 보세요.

중심
내용

㉠ 물건을 사고팔며 큰돈을 벌었음.

㉡ 무기를 사서 백성들을 도와줌.

김만덕

㉢ 부모님에게 큰 돈을 물려받았음.

㉣ 곡식을 사서 백성들을 도와줌.

2 이 글의 내용과 일치하면 ○표, 일치하지 않으면 ✕표 해 보세요.

내용
이해

(1) 김만덕은 커서 자신을 낳아 준 부모님을 모시며 함께 살았다. ( )

(2) 김만덕은 귤, 미역, 말총 등을 육지에 팔아 돈을 벌었다. ( )

(3) 김만덕의 이야기는 책으로도 만들어졌다. ( )

3 다음 신문 기사에서 이 글의 내용과 일치하지 <u>않는</u> 것은 무엇인가요? ( )

내용
적용

> **사람들을 위해 재산을 내놓은 김만덕**   179X년 X월 XX일
>
> 김만덕이 사는 섬에 큰 흉년이 들었다. 나라에서 백성들을 위해 곡식을 실은 배를 보냈으나 ① 태풍에 휩쓸려 배들이 침몰하고 말았다. 그러자 ② 김만덕이 강화도의 백성들을 위해 재산과 곡식을 내놓아 도와주었다. ③ 김만덕은 섬의 특산물을 육지에 팔고, 육지의 물건을 섬에 들여오며 큰돈을 번 상인이다. ④ 김만덕의 소식을 들은 나라에서는 한양으로 불러 상을 내릴 계획이라고 한다.

4 다음 기자의 질문에 대한 김만덕의 대답으로 알맞은 것은 무엇인가요? ( )

내용
적용

> 기자: 조선 시대에 여자가 제주도 밖을 여행하는 것이 쉽지 않았는데 어떻게 금강산으로 여행을 다녀올 수 있었나요?

① 금강산 주변에 살았기 때문입니다.

② 왜구를 물리치는 전쟁에서 공을 세웠기 때문입니다.

③ 과거 시험에서 일등을 하니 나라에서 상으로 보내 주었습니다.

④ 제주도 백성들을 구했다고 전하께서 상으로 허락해 주셨기 때문입니다.

▶ 정답과 풀이 14쪽

5 빈칸을 채우며, 이 글의 내용을 정리해 보세요.

핵심
정리

> 조선 정조 때, ㉠ ☐☐ 에 큰 흉년이 들었다.

⬇

> 상인 ㉡ ☐☐☐ 이 재산을 기부해 제주도 백성들을 구했다.

⬇

> 정조가 상으로 금강산 여행을 허락해 주었다.

어휘 학습

6 낱말의 알맞은 뜻을 찾아 선으로 이어 보세요.

어휘
복습

(1) 흉년 •   • ① 농사가 잘되지 않은 해.

(2) 말총 •   • ② 장사를 직업으로 하는 사람.

(3) 상인 •   • ③ 말의 꼬리털로 갓이나 활, 망건 등을 만드는 재료.

7 보기에서 알맞은 낱말을 찾아 밑줄 친 말을 바꾸어 써 보세요.

어휘
적용

| 보기 | 기부 | 무심 | 요지 | 특산물 |

(1) 충청남도 공주시는 <u>특별히 생산되는 물건</u>으로 밤이 유명하다.

➡ 충청남도 공주시는 (   )로 밤이 유명하다.

(2) 영심이는 어려운 이웃들을 위해 <u>대가 없이 내놓는 것</u>에 참여했다.

➡ 영심이는 어려운 이웃들을 위해 (   )에 참여했다.

💡 각각의 빈칸에 들어갈 키워드를 아래 글자판에서 찾아 동그랗게 묶고, 해당 번호를 써 보세요.

① ○○은 조선 시대에 의견이 비슷한 사람들끼리 모여서 만든 정치적 집단이야. ○○ 들은 서로 다른 의견을 나누고 토론하며 나랏일을 이끌었어.

② 영조는 어느 한쪽에 치우치지 않고 공평히 한다는 뜻을 지닌 비석인 ○○○를 세웠지.

③ 영조는 백성들이 내는 군포를 반으로 줄이는 ○○○을 시행하여 백성들의 부담을 덜어 주었어.

④ ○○○은 정조가 지은 왕실 도서관이야. 정조는 이곳에서 젊고 능력 있는 신하들과 함께 백성들을 위한 정책에 대해 토론했어.

⑤ 정조는 아버지 사도 세자의 무덤을 수원으로 옮기고, 새 성인 수원 ○○을 지었어.

⑥ 정약용은 정조의 명령으로 무거운 물건을 쉽게 들어 올리고 나를 수 있는 기계인 ○○○와 유형거를 만들었지.

⑦ ○○○은 큰돈을 번 상인으로 제주도 사람들을 살리기 위해 재산을 내놓았어.

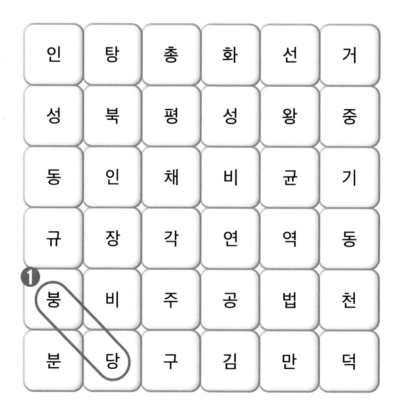

6주

조선 후기에는 많은 책과 그림, 지도들이 만들어졌어.
아는 책이나 그림이 있는지 한번 살펴보자!

1801년
신유박해

1818년
정약용,
『목민심서』 집필

1861년
김정호,
『대동여지도』 제작

회차	학습 내용	핵심 키워드	교과 연계	학습 계획일
26	청나라 여행기를 쓴 실학자 **박지원**	✯ 박지원 ✯ 북학파 ✯ 『열하일기』	【사회 5-2】 2. 사회의 새로운 변화와 오늘날의 우리 ① 새로운 사회를 향한 움직임	월 일
27	**정약용**, 백성을 위한 마음을 담아 책을 쓰다	✯ 정약용 ✯ 『목민심서』	【사회 5-2】 2. 사회의 새로운 변화와 오늘날의 우리 ① 새로운 사회를 향한 움직임	월 일
28	**김홍도**, 백성의 삶을 그림에 담다	✯ 김홍도 ✯ 풍속화	【사회 5-2】 2. 사회의 새로운 변화와 오늘날의 우리 ① 새로운 사회를 향한 움직임	월 일
29	심청이와 춘향이 이야기를 즐기는 **백성들**	✯ 전기수 ✯ 판소리 ✯ 한글 소설	【사회 5-2】 2. 사회의 새로운 변화와 오늘날의 우리 ① 새로운 사회를 향한 움직임	월 일
30	**김정호**, 우리나라의 지도를 만들다	✯ 김정호 ✯ 『대동여지도』	【사회 5-2】 2. 사회의 새로운 변화와 오늘날의 우리 ① 새로운 사회를 향한 움직임	월 일
역사 놀이터		키워드로 비밀 숫자 찾기!		

청나라 여행기를 쓴 실학자 박지원

난 외국에 가면 뭘 먹을지부터 고민할 거야! 박지원은 청나라에 가서 무슨 생각을 했을까?

조선 영조 때, 어느 과거 시험장에서 감독관들이 깜짝 놀라며 말했어.

"아니, 시험 답안지를 이렇게 텅텅 비워서 내다니!"

텅 빈 답안지를 내고 유유히❶ 사라진 사람의 이름은 ❋박지원이었어. 박지원은 이름난 집안의 사람이었지만 관직에는 별로 관심이 없었지. 그저 책 읽고 공부하며 친구들과 이야기하는 걸 좋아했어.

"이보게들, 조선이 더 잘살고 백성이 편안하려면 어찌해야 하는가?"

박지원은 뜻이 맞는 친구들과 함께 조선이 발전하는 방법을 고민했어. 이들은 조선이 발전하기 위해서 백성들의 생활에 도움이 되는 실용적인❷ 학문, 실학이 중요하다고 생각했지. 박지원은 특히 농사짓는 농업뿐만 아니라 물건을 사고파는 상업과 물건을 만드는 공업도 함께 발전해야 한다고 생각했어. 그래서 백성들의 생활을 이롭게 도와주는 물건에도 관심이 많았지.

"청나라에 가면 새로운 물건과 신기술을 볼 수 있다니 가 보고 싶군."

마침 박지원에게 청나라에 갈 기회가 생겼어. 사신❸으로 청나라에 가는 사촌 형을 따라나선 거야. 박지원은 만반❹의 준비를 하고 청나라로 향했지. 드디어 압록강을 건너 청나라 땅으로 들어갔어. 처음 보는 광경이 펼쳐지자 박지원은 종이와 붓을 꺼내 정신없이 무언가를 써 내려갔지.

"이보게, 흔들리는 말 위에서 뭘 그렇게 쓰는가?"

"이번 여행에서 보고 들은 것, 느낀 것을 다 기록할 것이오."

박지원 일행은 출발한 지 두 달 반 만에 청나라의 수도인 북경에 도착했어. 하지만 청나라 황제는 북경에 없었고 열하란 곳에서 조선의 사신을 기다리고 있었지.

역사 사전

실학
조선 후기에 등장한 학문이야. 실생활에 도움이 되는 실용적인 학문이지. 실학을 주장한 학자들은 크게 농촌과 토지 문제에 관심을 갖는 사람들과 상업과 공업을 발전시켜야 한다는 사람들로 나뉘어져.

열하
청나라 황제가 더운 여름에 휴가를 가는 곳이었어. 황제가 오래 머무를 수 있도록 궁궐도 마련해 두었지.

---

❶ **유유히** 움직임이 느긋하고 여유가 있게. ❷ **실용적** 실생활에 쓰기에 알맞은 것. ❸ **사신** 임금의 명령을 받고 다른 나라에 가는 신하. ❹ **만반** 마련할 수 있는 모든 것.

'오! 북경뿐만 아니라 열하까지

가 볼 수 있다니 좋은 기회로군.'

박지원은 가는 곳마다 조선 사람

들의 삶을 ⑤나아지게 할 수 있는

청나라의 기술들을 ⑥유심히 보고 기록했지.

청나라처럼 수레를 쓰면 많은 물건도 한 번에 나를 수 있겠어!

'청나라에서 보니 수레가 참 좋다. 조선에서도

수레가 다니게 하자! 수레로 바닷가 물건을 육지로 실어 나르고 육지 물

건을 바닷가로 실어 나르면 두 곳 모두 ⑦살림살이가 좋아질 것이다.'

그때까지 조선 사람들은 대부분 청나라를 '오랑캐의 나라'라고 무시하고

있었어. 하지만 청나라의 발전된 문화를 직접 본 박지원의 생각은 달랐지.

"아무리 청나라를 인정하지 않더라도, 좋은 것이 있다면 적극적으로 배

워야 한다. 암, 그렇고말고!"

박지원은 그동안 여행하며 쓴 일기를 ☆『열하일기』라는 책으로 엮어 냈

어. 이 책은 조선 사람들한테 많은 관심을 받았지. 『열하일기』 덕분에 청나

라의 학문과 기술을 배워 조선을 발전시키자고 주장하는 사람도 늘어났

어. 이들처럼 조선이 강해지려면 청나라의 학문을 배워야 한다고 생각한

사람들을 '☆북학파'라고 불러. 북쪽에 있는 나라의 발전된 학문을 배운다

고 해서 북(北) 자를 붙인 거야.

용선생 키워드   ☆박지원   ☆『열하일기』   ☆북학파

---

⑤ **나아지다** 상태가 이전보다 더 좋아지다. ⑥ **유심히** 어떤 것을 살피는 데 주의가 깊게. ⑦ **살림살이** 살림을 차려서
사는 것.

1

중심
내용

이 글의 중심 내용으로 알맞은 것은 무엇인가요?   (   )

① 박지원과 친구들의 우정

② 청나라 여행기를 쓴 박지원

③ 박지원의 과거 시험 성적

④ 청나라를 무시하는 조선 사람들

2

인물
이해

이 글의 박지원에 대한 설명으로 알맞은 것을 <u>모두</u> 선으로 이어 보세요.

㉠ 청나라의 학문과 기술을 배워야 한다고 생각했다.

㉡ 청나라를 여행하고 돌아와 『동의보감』이라는 책을 썼다.

㉢ 관직에는 별로 관심이 없었지만 친구들과 공부하고 이야기하는 걸 좋아했다.

3

내용
이해

이 글의 내용과 일치하면 ○표, 일치하지 않으면 ✕표 해 보세요.

(1) 박지원은 청나라에 가서 북경만 구경하고 돌아왔다. (   )

(2) 박지원은 조선도 수레를 적극적으로 사용하면 나라 살림이 나아질 거라고 생각했다. (   )

(3) 『열하일기』에는 청나라의 발전된 기술과 문화에 관한 내용이 적혀 있다. (   )

4

내용
적용

이 글의 북학파에 대한 검색 결과로 알맞은 것은 무엇인가요?   (   )

북학파

① 농민 모두에게 땅을 나눠 줘야 나라가 발전한다고 주장한 사람들

② 북쪽의 평양으로 수도를 옮겨야 나라가 발전한다고 주장한 사람들

③ 조선이 강해지려면 청나라의 학문을 배워야 한다고 생각한 사람들

④ 조선이 강해지려면 서양의 학문을 받아들여야 한다고 생각한 사람들

5 빈칸을 채우며, 이 글의 내용을 정리해 보세요.

핵심
정리

보기   박지원   삼국사기   열하일기   정약용

북학파의 한 사람이었던 ㉠ _____은 사촌 형을 따라

청나라를 여행하게 되었다. 그는 청나라의 발전된 문화와 기술을 보고 돌아와

『㉡ _____』라는 책을 지었다.

어휘 학습

6 뜻풀이에 알맞은 낱말을 골라 ○표 해 보세요.

어휘
복습

(1) 살림을 차려서 사는 것. ·······································(살림살이 / 하루살이)

(2) 마련할 수 있는 모든 것. ···(만반 / 일반)

(3) 실생활에 쓰기에 알맞은 것. ·······································(논리적 / 실용적)

7 밑줄 친 낱말의 뜻이 다음과 같은 것을 골라 보세요. (   )

어휘
적용

임금의 명령을 받고 다른 나라에 가는 신하.

① 왕자는 어린 나이에 세자의 자리에 올랐다.
② 늙은 재상은 벼슬을 내놓고 고향으로 내려갔다.
③ 명나라에 간 사신들은 다양한 책을 가지고 돌아왔다.
④ 왕은 전투에서 승리하고 돌아온 장군에게 큰 벼슬을 내렸다.

27 정약용, 백성을 위한 마음을 담아 책을 쓰다

정약용은 귀양살이 하는 동안 무얼 하며 지냈을까? 내가 말동무라도 해 드리면 좋았을걸.

☆정약용은 정조가 믿고 일을 맡기던 신하였어. 정조는 수원 화성을 지을 때도 정약용에게 일을 맡겼지. 정약용은 거중기, 유형거 등을 만들어 정조의 기대에 부응①했어.

정약용이 새로운 발명품을 만들 수 있었던 건 백성들의 삶을 더 나아지게 하는 방법을 고민했기 때문이야. 정약용은 백성들의 삶을 더 이롭게 하기 위해 새로운 학문과 기술을 열심히 받아들였지. 필요하다면 서양② 학문도 가리지 않았어. 하지만 정약용을 시기한 신하들은 그가 서양의 종교인 천주교를 믿는다며 정약용을 몰아세웠어. 정약용을 아끼던 정조마저 병으로 세상을 떠나자 그를 비난하는 신하들의 목소리는 더욱 커졌지.

"조상님에게 제사도 지내지 않는 천주교 신자③는 처벌해야 합니다!"

유교의 나라인 조선에서 제사 지내는 것을 거부하는 천주교는 허락할 수 없는 종교였어. 결국 정약용은 천주교 신자로 몰려 유배를 떠나게 되었지. 전라도 강진의 바닷가 작은 집에서 18년 동안 귀양살이④를 했어. 그동안 정약용은 독서와 학문에 마음을 쏟는 한편, 백성들의 삶도 돌아봤어.

"지금의 법과 제도는 백성들을 제대로 이끌지도 못하고, 오히려 백성들을 힘들게 하고 있다. 이를 고치지 않으면 나라가 망하고 말 것이다."

정약용은 조선이 고쳐야 할 점들을 하나하나 써 내려갔어. 그동안 읽고 공부한 책들을 떠올리며 자신의 생각을 정리했지.

역사 사전

천주교

처음에 조선 사람들은 천주교를 서양의 학문으로 받아들여 서학(西學)이라고 불렀어. 그런데 점차 천주교를 신앙으로서 믿는 사람들이 늘어나자 조선 정부는 천주교를 금지했지. 천주교는 하느님 앞에 모두 평등하고 신은 오직 하느님뿐이라며 조선의 가족 제도와 제사 지내는 일을 거부했거든.

---

❶ **부응하다** 남이 바라는 일이나 기대에 맞추어 따르다. ❷ **서양** 유럽과 아메리카의 여러 나라를 통틀어 이르는 말. ❸ **신자** 종교를 믿는 사람. ❹ **귀양살이** 먼 시골이나 섬으로 보내 제한 된 곳에서만 살게 하는 벌(귀양)을 받으며 사는 생활.

"농사짓지 않는 양반들이 땅을 독차지⁵

해서는 안 된다."

정약용은 조선이 잘살려면 백성들이

땅을 고루 나눠 가져야 한다고 생각했어.

자기 땅이 없어서 남의 땅을 빌려 농사짓

는 농민들이 적지 않았거든. 땅을 빌리는

대신 많은 곡식을 대가로 내놔야 했기 때

문에 농민들이 먹고살기 힘들었지.

또 각 지역을 다스리는 수령들도⁶ 엄하게 꾸짖었어.

"요즘 수령들은 오직 세금 거두는 일에만 집중하고, 백성을 잘살게 하는

방법은 전혀 모르고 있다. 백성들의 가난하고 병든 모습이 보이지 않는

것인가!"

정약용은 수령들이 백성을 위해 해야 할 일들을 모아 ☆『목민심서』라는

책을 펴냈어. 수령은 '백성들을 기르는 관리'라는 뜻에서 '목민관'이라고도

했는데, 정약용은 목민관들을 위한 안내서를⁷ 썼던 거야.

정약용은 75살에 세상을 떠날 때까지 평생 500권이 넘는 책을 썼다고

해. 그 모든 책에는 백성들의 삶을 편안하게 하고 싶었던 정약용의 마음이

담겨 있어. 정약용의 공부는 책 속에만 머물지 않고 백성들과 함께 하는

살아 있는 공부였지.

용선생 키워드   ☆정약용   ☆『목민심서』

---

⑤ **독차지하다** 혼자서 모두 차지하다. ⑥ **수령** 고려와 조선 시대에 각 고을을 맡아 다스리던 지방관을 이르는 말.

⑦ **안내서** 어떤 내용을 소개하여 알려 주는 책이나 글.

1 이 글의 중심 내용으로 알맞은 것은 무엇인가요? (   )

중심
내용

① 편리한 거중기와 유형거   ② 신하들의 모함을 받은 정약용

③ 정약용을 믿고 일을 맡겼던 정조   ④ 백성들을 위해 수많은 책을 쓴 정약용

2 이 글의 내용과 일치하면 O표, 일치하지 않으면 X표 해 보세요.

내용
이해

(1) 정약용은 거중기와 유형거를 만들었다는 죄로 유배를 가야 했다.   (   )

(2) 정약용은 백성들의 삶을 이롭게 하기 위해 유교말고도 새로운 학문과
 기술을 받아들였다.   (   )

(3) 정약용은 귀양살이 하는 동안 우리 약초와 치료법을 연구해
 『동의보감』이라는 책을 썼다.   (   )

3 정약용이 바람직하다고 생각한 조선의 모습으로 알맞은 것을 <u>모두</u> 색칠해 보세요.

내용
이해

㉠ 백성들이
땅을 고루 나눠
가져야 한다.

㉡ 농민들이
열심히 일하도록
세금을 많이
거둬야 한다.

㉢ 농사짓지 않는
양반들이 땅을
독차지하면
안 된다.

4 다음 기자의 질문에 대한 정약용의 대답으로 알맞은 것은 무엇인가요? (   )

내용
적용

『목민심서』를 쓰신 이유가 무엇입니까?

① 농사짓지 않는 양반들을 비판하기 위해서입니다.

② 목장에서 말과 소를 관리하는 법을 알려주기 위해서입니다.

③ 수령들이 백성들을 위해 해야 할 일을 잘 알려주기 위해서입니다.

④ 거중기, 유형거 등 새로운 기구를 만드는 법을 설명하기 위해서입니다.

5 빈칸을 채우며, 이 글의 내용을 정리해 보세요.

핵심
정리

> 정조가 믿고 일을 맡겼던 신하인 ㉠ ⬚⬚⬚ 은 신하들의 모함을
>
> 받아 유배를 가게 되었다. 그는 귀양살이를 하는 동안 수령이 백성을 위해 해야
>
> 할 일들을 적은 『㉡ ⬚⬚⬚ 』를 비롯해 500여 권의 책을 썼다.

6 낱말의 알맞은 뜻을 찾아 선으로 이어 보세요.

어휘
복습

(1) 서양 •   • ① 종교를 믿는 사람.

(2) 신자 •   • ② 어떤 내용을 소개하여 알려 주는 책이나 글.

(3) 안내서 •   • ③ 유럽과 아메리카의 여러 나라를 통틀어 이르는 말.

7 밑줄 친 낱말의 알맞은 뜻을 골라 번호를 써 보세요.

어휘
적용

수령	① 고려와 조선 시대에 각 고을을 맡아 다스리던 지방관을 이르는 말. 예 백성들은 **수령**의 횡포로 고통을 겪었다. ② 돈이나 물품을 받아들임. 예 지영이는 잘못 배달된 택배의 **수령**을 거부했다. ③ 나무의 나이. 예 이 향나무는 **수령**이 600년이 넘어 보호수로 지정되었다.

(1) 고을 사람들은 수령의 덕을 기리며 비석을 세웠다. (   )

(2) 반품 및 교환은 물품 수령 후 3일 안에만 가능합니다. (   )

김홍도, 백성의 삶을 그림에 담다

김홍도는 백성들의 모습을 많이 그렸어. 김홍도 아저씨가 내 친구들도 예쁘게 그려 주면 좋겠다!

조선의 어느 마을에서 ✲김홍도라는 아이가 그림을 배우고 있었어.

"오, 일곱 살밖에 되지 않은 아이가 그림을 무척 잘 그리는구나. 하늘이 주신 재주로다!"

김홍도의 선생님은 늘 제자의 그림 실력을 놀라워했어. 김홍도는 어른이 되자마자 선생님의 추천으로 그림을 그리는 관청인 도화서의 화가가 되었지. 도화서에서도 김홍도는 금방 유명해졌어.

"전하, 이번에 어진❶을 그릴 김홍도입니다."

"자네의 실력이라면 당연히 믿을 수 있지!"

김홍도는 그 실력을 인정받아 젊은 나이에 왕의 초상화❷인 어진까지 그리게 되었어. 나라의 중요한 행사가 있을 때에도 김홍도는 행사의 모든 과정을 그림으로 그려서 기록하는 일을 맡았지.

한편 김홍도는 시간이 날 때마다 거리로 나와 사람들이 살아가는 모습도 그렸어.

"무엇을 그리고 계세요?"

"저기 씨름하고 있는 두 사람과 구경하는 사람들을 그리고 있지."

아이들은 김홍도의 그림에 금방 빠져들었어❸.

"우아, 이 아저씨는 정말 넘어갈 것처럼 아슬아슬한데❹?"

"여기 엿장수도 있어. 우아, 오른쪽 위에 우리도 그려져 있잖아!"

아이들의 떠들썩한 소리에 사람들이 점점 모여들었지.

"어디 우리도 좀 봅시다. 허허, 그림이 정말 살아 움직이는 것 같소!"

역사 사전

도화서
조선 시대에 그림 그리는 일을 맡았던 관청이야. 나라의 행사나 왕의 초상화 등 나라에서 필요로 하는 그림을 주로 그렸지.

---

❶ **어진** 임금의 얼굴을 그린 그림. ❷ **초상화** 사람의 얼굴을 중심으로 그린 그림. ❸ **빠져들다** 온정신이나 관심을 기울여 깊이 파고들다. ❹ **아슬아슬하다** 일이 안 될까봐 마음이 약간 위태롭거나 조마조마하다.

"오, 표정이나 자세가 우리를 똑 닮았소. 그런데 별 볼 일 없는 우리의 모습은 왜 그리는 것이오?"

김홍도는 허허 웃으며 말했어.

"별 볼 일 없다니, 그렇지 않소. 하루하루 일하면서 웃고 우는 여러분들의 모습이야말로 진짜배기 세상이 아니겠소? 나는 세상의 진짜 모습을 ❺생생하게 그리고 싶소."

"그림에는 ❻지체 높으신 양반님들이나 멋있는 풍경들만 나오는 줄 알았는데, 이렇게 우리 모습이 나오니 너무나 신기하네그려, 허허허!"

김홍도는 다른 화가들이 그리지 않던 백성들의 삶을 생생하게 그림으로 남겼어. 씨름하는 모습뿐만 아니라 농부들이 농사짓는 모습, ❼대장장이가 일하는 모습, 아이들이 ❽서당에서 공부하는 모습, 시장에서 사람들이 공연을 보는 모습들까지 말이야.

이렇게 당시 사람들의 생활 모습을 그린 그림을 ✱풍속화라고 해. 김홍도가 많은 풍속화를 남긴 덕분에 지금도 당시 사람들의 모습을 엿볼 수 있지.

▲ 「씨름」

이 모습이야말로 진짜배기 세상이지!

용선생 키워드 　✱김홍도　✱풍속화

---

❺ **생생하다** 마치 눈앞에 보이는 것처럼 또렷하고 분명하다.　❻ **지체** 어떤 집안이나 개인의 사회적 신분이나 지위.
❼ **대장장이** 쇠를 달구어 칼이나 낫 등 도구를 만드는 기술자.　❽ **서당** 옛날에 아이들을 모아 놓고 한문을 가르치던 곳.

1 다음의 열쇠를 보고 십자말풀이를 풀어 보세요.

중심
내용

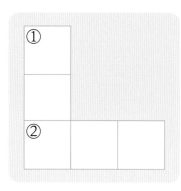

세로 열쇠

① 「씨름」을 비롯해 백성들의 삶을 담은 여러 풍속화를 그린 화가의 이름.

가로 열쇠

② 조선 시대에 왕의 초상화 등 나라에서 필요로 하는 그림 그리는 일을 맡았던 관청.

2 이 글의 김홍도가 그린 「서당」이에요. 이 그림을 보고 알 수 있는 것을 <u>모두</u> 골라 보세요.

자료
해석

(,   )

▲「서당」

① 선생님이 칠판에 필기를 하고 있다.

② 한 선생님이 여러 명의 아이들을 가르치고 있다.

③ 선생님 앞에 한 아이가 손으로 눈물을 닦고 있다.

④ 아이들은 모두 의자에 앉아 책상에 책을 펼쳐 놓고 공부하고 있다.

3 이 글의 김홍도에 대한 설명으로 알맞지 <u>않은</u> 것은 무엇인가요? (   )

인물
이해

① 어려서부터 그림을 무척 잘 그렸다.

② 양반들의 화려한 삶에만 관심을 가졌다.

③ 왕의 초상화 등 나라에 필요한 그림도 그렸다.

④ 그의 그림 덕분에 당시 사람들의 생활 모습을 알 수 있다.

4 빈칸을 채우며, 이 글의 내용을 정리해 보세요.

핵심
정리

보기	규장각	도화서	서양화	풍속화

김홍도는 그림을 그리는 관청인 ㉠ _____에서 인정받는 화가로,

궁궐의 중요한 행사를 그림으로 기록하는 일을 했다. 또한 시간이 날 때마다 거리

로 나가 일반 백성들의 삶의 모습을 그린 ㉡ _____도 그렸다.

어휘 학습

5 낱말의 알맞은 뜻을 찾아 선으로 이어 보세요.

어휘
복습

(1) 서당 •   • ① 임금의 얼굴을 그린 그림.

(2) 어진 •   • ② 옛날에 아이들을 모아 놓고 한문을 가르치던 곳.

(3) 대장장이 •   • ③ 쇠를 달구어 칼이나 낫 등 도구를 만드는 기술자.

6 밑줄 친 낱말의 뜻이 다음과 같은 것을 골라 보세요. (   )

어휘
적용

어떤 집안이나 개인의 사회적 신분이나 지위.

① 어머니는 독실한 천주교 신자이다.

② 아이는 글을 배우고자 서당에 갔다.

③ 그 선비는 지체 높은 양반 가문의 아들이다.

④ 할아버지는 화가에게 자신의 초상화를 그려 달라고 부탁했다.

29 심청이와 춘향이 이야기를 즐기는 백성들

나도 『홍길동전』, 『춘향전』, 『심청전』, 『흥부전』 등 이야기 다~ 아는데! 동생들에게는 내가 이야기꾼이라고!

오늘은 다섯 날마다 한 번씩 상인들이 장에 모여들어 물건을 파는 5일장이 열리는 날이야. 개똥이는 장에 갈 생각에 신이 났지. 장에는 사고파는 물건이나 음식 말고도 재밌는 볼거리가 많거든.

'오늘도 이야기를 들려주는 ☆전기수 아저씨가 와 있으면 좋겠다. 이야기가 시작하기 전에 도착해야 할 텐데!'

개똥이는 전기수가 들려주는 이야기를 무척 좋아했어. 전기수는 인기가 많은 ☆한글 소설을 외웠다가 사람들에게 재미있게 들려주었지. 개똥이가 사람들이 잔뜩 모인 곳으로 다가가자 전기수가 한창 이야기를 늘어놓고 있었어.

"이렇게 심청이가 눈물을 참으며 인사를 하니, 아버지 마음이 찢어질 수밖에! '아이고, 심청아. 네가 죽고 내가 눈을 뜨면 무슨 소용이 있느냐. 안 된다, 가면 안 된다.' 하며 붙잡는데……."

전기수의 이야기에 어떤 사람들은 벌써 눈물을 뚝뚝 흘리고 있었어. 개똥이도 금방 이야기에 빠져들었지.

"결국 심청이는 눈을 꼭 감고 바다에 뛰어들었는데, 아 글쎄 그랬는데?"

"그랬는데, 어찌 되었소? 빨리 좀 말해 보시오!"

이야기가 한창 흥미진진해질 때 갑자기 전기수가 ❷뜸을 들였지.

"흠, 내가 목이 아파 이야기를 더 못 하겠구먼."

"아니, 여기서 이야기를 그만하면 어찌 하오? 거, 사람 참!"

사람들은 하나 둘씩 돈을 던져 주며 전기수를 졸랐어. 돈이 어느 정도 쌓이자 전기수는 냉큼 다음 이야기로 넘어갔지.

역사 사전

전기수
조선 후기에 소설을 전문적으로 읽어 주던 이야기꾼이야. 사람이 많은 곳에서 돈을 받고 이야기를 들려주었지.

한글 소설
조선 시대에 한글이 퍼지며 점점 한글로 쓰인 소설들이 나타났어. 입에서 입으로 전해지던 이야기를 글로 적은 경우가 많아 대부분 지은이가 누구인지 모르지. 대표적으로 『홍길동전』, 『춘향전』, 『심청전』, 『흥부전』 등이 있어.

❶ 장 많은 사람이 모여 여러 가지 물건을 사고파는 곳. ❷ 뜸을 들이다 어떤 일을 얼른 하지 않고 머뭇거리며 시간을 끌다. ❸ 소리꾼 판소리나 민요를 직업적으로 부르는 사람.

한참 이야기에 빠져 눈물을 훔치던 개똥이는 또 다른 볼거리가 생각났어.

'아, ✱판소리도 보러 가야지!'

개똥이는 귀를 기울이며 장바닥을 돌아다녔어.

북장단과 함께 소리꾼이 노래를 하는³ 소리가 들렸지. 소리꾼이 한창 춘향이 이야기를 노래하고 있었어. 소리꾼 옆에는 북 치는 사람인 고수가 앉아 흥을 더했지.

"달 같은 마패⁴를 해 같이 들어 매고~ 삼문간을 뚜다리며 암행어사⁵ 출⁶두야~ 출두야 출두야 출두야 암행어사 출두허옵신다~."

"얼씨구!"

암행어사가 된 이몽룡이 나타나는 장면에 고수가 얼씨구 하며 추임새를 더했어. 신이 난 개똥이도 다른 구경꾼들과 함께 얼씨구 하고 추임새를 따라했지.

이렇게 조선 후기⁷에는 한글 소설이나 판소리처럼 백성들이 즐기는 서민⁸ 문화가 크게 발전했어. 백성들은 한글 소설이나 판소리를 통해 자신의 생활 모습을 자유롭게 표현했지.

역사 사전

판소리
고수가 치는 북장단에 맞춰서 소리꾼이 이야기를 말과 노래 그리고 몸짓으로 풀어내는 우리 전통 음악이자 연극이야. 「춘향가」 말고도 「흥부가」, 「심청가」, 「수궁가」, 「적벽가」 등이 있어.

용선생 키워드   ✱전기수   ✱한글 소설   ✱판소리

---

❹ **마패** 조선 시대에 관리가 출장 갈 때에 말을 쓸 자격을 증명해 주던 패. ❺ **암행어사** 조선 시대에 신분을 숨긴 채 지방 관리의 잘못과 백성의 어려움을 살펴 해결하던 벼슬. ❻ **출두** 어떤 곳에 직접 나감. ❼ **후기** 일정 기간을 둘이나 셋으로 나누었을 때 맨 나중의 시기. ❽ **서민** 벼슬이나 신분적 특권을 갖지 못한 일반 사람.

독해 학습

1

중심 내용

이 글의 중심 내용을 바르게 말한 사람을 찾아 ○표 해 보세요.

㉠ 장에 놀러 간 개똥이

㉡ 목이 아픈 척 하는 전기수

㉢ 조선 후기 백성들이 즐기는 서민 문화

2

내용 적용

다음 개똥이가 쓴 일기에서 이 글의 내용과 일치하지 <u>않는</u> 것을 골라 보세요. (　　　)

제목: 장터에서 만난 심청이와 춘향이　　　　　　XX월 XX일

　오늘 드디어 장이 열렸다. ① 심청이 이야기를 들려주는 전기수 아저씨가 얼마나 말을 재밌게 하는지 수많은 사람들이 모여 있었다. ② 돈도 받지 않고 하루 종일 이야기를 들려주는 전기수 아저씨가 참 힘들 것 같았다. ③ 이야기를 북장단에 맞춰 노래로 들려주는 판소리도 구경했다. ④ 사람들과 함께 추임새를 더하니 무척 재밌었다.

3

내용 이해

이 글을 읽고 빈칸에 들어갈 알맞은 낱말을 써 보세요.

　'이것'은 서민 문화의 하나로, 고수가 치는 북장단에 맞춰서 소리꾼이 이야기를 말과 노래 그리고 몸짓으로 풀어내는 우리 전통 음악이자 연극이다. 대표적으로 「춘향가」, 「흥부가」, 「심청가」, 「수궁가」, 「적벽가」 등이 있다.

4

내용 이해

이 글을 읽고 다음 직업들에 대한 설명으로 알맞은 것을 선으로 이어 보세요.

(1)　전기수　•　　　　　• ㉠ 북장단에 맞춰 판소리를 부르는 사람

(2)　소리꾼　•　　　　　• ㉡ 돈을 받고 한글 소설을 이야기로 들려주는 이야기꾼

5

빈칸을 채우며, 이 글의 내용을 정리해 보세요.

| 보기 | 수필 | 판소리 | 한글 소설 | 한문 소설 |

> 　　조선 후기에는 백성들이 즐길 수 있는 서민 문화가 발전했다. 이야기꾼인 전기수
> 는 『홍길동전』, 『심청전』 등 인기가 많은 ㉠ _____을 외웠다가 돈을
> 받고 이야기를 들려주었다. 또, 백성들은 북장단에 맞춰 소리꾼이 「춘향가」,
> 「수궁가」 등의 이야기를 노래로 들려주는 ㉡ _____도 즐겼다.

6

낱말의 알맞은 뜻을 찾아 선으로 이어 보세요.

(1) 마패 •　　　• ① 벼슬이나 신분적 특권을 갖지 못한 일반 사람.

(2) 서민 •　　　• ② 조선 시대에 관리가 출장 갈 때에 말을 쓸 자격을 증명해 주던 패.

(3) 암행어사 •　　　• ③ 조선 시대에 신분을 숨긴 채 지방 관리의 잘못과 백성의 어려움을 살펴 해결하던 벼슬.

7

보기 에서 알맞은 낱말을 찾아 밑줄 친 말을 바꾸어 써 보세요.

| 보기 | 소리꾼 | 장 | 출두 | 후기 |

(1) 이웃 마을에서는 매달 5일에 <u>많은 사람이 모여 여러 가지 물건을 사고파는 곳</u>이 선다.

　➡ 이웃 마을에서는 매달 5일에 (　　　　　　　)이 선다.

(2) 이모는 <u>판소리나 민요를 직업적으로 부르는 사람</u>이 되기 위해 열심히 노래 연습을 했다.

　➡ 이모는 (　　　　　　　)이 되기 위해 열심히 노래 연습을 했다.

김정호, 우리나라의 지도를 만들다

우리나라 지도를 만든 김정호는 어려서부터 지도 공부를 좋아했대. 우리 친구들은 어떤 공부를 좋아해?

"정호, 방 안에 지도와 책들이 더 늘어난 것 같네그려."

"어, 왔는가? 이것 좀 보게. 이 지도는 저 지도와 달리 무척 자세하게 그려 놓았네."

김정호는 친구를 보자마자 지도 이야기부터 꺼냈어.

"자네는 지도를 들여다보는 것이 그렇게나 좋은가?"

"당연하지. 지도를 보면 가 보지 않은 곳의 모습까지 알 수 있으니 얼마나 좋은가? 언젠가 모든 지역의 지도를 모아 완전한 조선의 지도를 만드는 것이 내 꿈일세!"

☆김정호는 어려서부터 유달리 지리학❶에 관심이 많았어. 손재주❷도 좋아서 지도도 잘 만들었지. 김정호는 여러 가지 방법으로 지도를 만들어 보면서, 더 좋은 지도를 만들려고 노력했어.

'각 고을의 지도들을 따로따로 그려서 책으로 엮어 놓으니 어떻게 이어지는지 보기가 어렵다. 모든 고을의 지도들을 이어 붙여 조선의 전체 모습을 볼 수는 없을까?'

고민 끝에 김정호는 조선 땅을 여러 구역❸으로 나누어서 꼼꼼히 지도를 그렸어. 각각의 구역 지도를 만든 후에는 이 지도들을 서로 이어 붙여 조선 전체의 지도를 완성했지. 차곡차곡❹ 접으면 책처럼 되었고, 이것을 펼치면 커다란 조선 지도가 되었어.

"접으면 책이 되니 갖고 다닐 수 있고, 펼치면 한눈에 들어오니 무척 편리하겠구먼!"

김정호가 만든 이 지도를 ☆『대동여지도』라고 해.

---

❶ 지리학 어떤 곳의 길이나 땅의 생김새를 연구하는 학문. ❷ 손재주 손으로 무엇을 다루거나 만드는 재주. ❸ 구역 나눠 놓은 지역. ❹ 차곡차곡 물건을 가지런히 포개거나 겹쳐 쌓는 모양.

▼기호가 담긴 『대동여지도』의 지도표

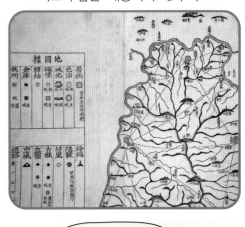

『대동여지도』에는 접었다 펼칠 수 있는 것 말고도 편리한 점들이 몇 가지 더 있어. 김정호는 『대동여지도』를 목판⁵으로 만들었기 때문에 똑같은 지도를 여러 번 찍어 낼 수 있었지. 또 동그라미나 네모처럼 여러 기호⁶들을 넣어 성이나 고을, 창고 등 주요 시설들의 위치를 알 수 있게 했어. 그리고 도로에 10리⁷(오늘날의 4km 정도)마다 점을 찍어 두었지. 『대동여지도』에 찍힌 점을 세어 보면 대략적인 거리를 알 수 있어.

이렇게 기호를 넣고 거리를 따져 그린 『대동여지도』는, 오늘날 지도와 비교해도 큰 차이가 없을 정도로 정교해. 우주에서 본 한반도의 모양과도 비슷한 모양을 가지고 있을 만큼 정확하게 그려졌지. 김정호가 얼마나 꼼꼼히 지도를 만들었는지 짐작⁸이 가지?

용선생 키워드   ☆김정호   ☆『대동여지도』

도로에 찍힌 점으로 거리를 잴 수 있지.

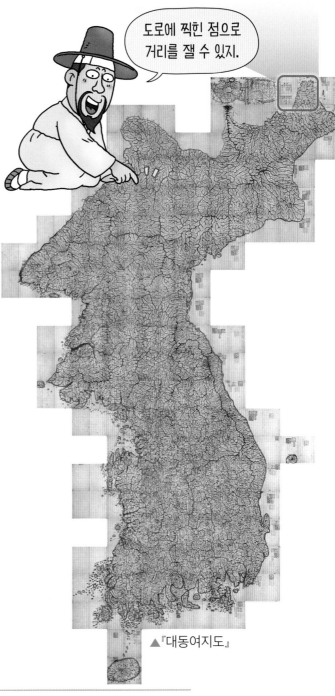

▲『대동여지도』

---

❺ **목판** 글이나 그림 등을 새긴 인쇄용 나무 판. ❻ **기호** 어떤 뜻을 나타내기 위해 쓰이는 여러 가지 표시. 글자. 부호 같은 것. ❼ **리** 거리의 단위. 1리는 약 0.393km에 해당함. ❽ **짐작** 사정이나 형편 같은 것을 어림잡아 헤아림.

1 이 글을 읽고 다음 문장에 들어갈 알맞은 낱말을 골라 〇표 해 보세요.

중심
내용

> 김정호는 ㉠(세계 지도 / 우리나라 지도)인 『대동여지도』를 만들었다. 『대동여지
> 도』는 ㉡(금속 / 목판)으로 만들어 여러 번 찍어 낼 수 있었다.

2 이 글의 내용과 일치하면 〇표, 일치하지 않으면 ✕표 해 보세요.

내용
이해

(1) 『대동여지도』는 책처럼 보관하기 불편하지만 펼쳐서 보기에는 좋았다.   (   )

(2) 『대동여지도』에는 기호가 있어 성이나, 고을, 창고 등 주요 시설의 위치를
    알 수 있다.   (   )

(3) 『대동여지도』는 오늘날의 지도와 비교해도 큰 차이가 없을 정도로
    정교하게 만들어졌다.   (   )

3 이 글을 읽고 김정호의 생각으로 알맞은 것을 선으로 이어 보세요.

인물
이해

> ㉠ 모든 지역의 지도를 모아 외국에 비싸게
> 팔고 싶어!

> ㉡ 모든 지역의 지도를 모아 완전한 조선의
> 지도를 만들고 싶어!

> ㉢ 세계 여행을 할 때 갖고 다닐 지도를 만들고
> 싶어!

4 다음 기자의 질문에 대한 김정호의 대답으로 알맞은 것은 무엇인가요?   (   )

내용
적용

> 기자: 『대동여지도』에서 도로에 점을 찍은 이유는 무엇인가요?

① 그 점들은 먹을 갈다가 실수로 튄 겁니다.

② 점을 찍으면 지도가 더 멋있어 보이기 때문입니다.

③ 10리마다 점을 찍어 거리를 알아볼 수 있도록 한 것입니다.

④ 제가 직접 가 본 곳을 쉽게 알아보기 위해서 점을 찍었습니다.

5 빈칸을 채우며, 이 글의 내용을 정리해 보세요.

핵심
정리

인물 카드(앞면)	인물 카드(뒷면)
  지도가 있어 행복해! • 이름: ㉠ ☐ ☐ ☐ • 특기: 지도 만들기	• 어려서부터 지도를 잘 만들었다. • 접으면 책처럼 되고, 펼치면 완전한 조선의 지도가 되는 『㉡ ☐ ☐ ☐ ☐ 』 를 만들었다.

 어휘 학습

6 낱말의 알맞은 뜻을 찾아 선으로 이어 보세요.

어휘
복습

(1) 리 • • ① 거리의 단위. 약 0.393km에 해당함.

(2) 지리학 • • ② 글이나 그림 등을 새긴 인쇄용 나무 판.

(3) 목판 • • ③ 어떤 곳의 길이나 땅의 생김새를 연구하는 학문.

7 밑줄 친 낱말의 알맞은 뜻을 골라 번호를 써 보세요.

어휘
적용

기호	① 어떤 뜻을 나타내기 위해 쓰이는 여러 가지 표시, 글자, 부호 같은 것. 예 수학 수업이 끝난 칠판에는 숫자와 수학 **기호**가 가득하다. ② 즐기고 좋아하는 것. 예 각자 **기호**에 맞는 음식을 고르다.

(1) 기업은 사람들의 기호에 맞춰 다양한 상품을 개발한다. (   )

(2) 투표용지에 있는 후보자의 기호와 이름을 잘 확인해 주시기 바랍니다. (   )

역사 놀이터

키워드로 비밀 숫자 찾기!

▶ 정답 18쪽

💡 각각의 빈칸에 들어갈 키워드를 아래 글자판에서 찾아 색칠하고, 숨겨진 비밀 숫자를 알아내 보세요.

❶ ○○○는 청나라의 학문을 배워야 조선이 강해진다고 주장한 사람들을 부르는 말이야. 박지원이 대표적인 사람이지.

❷ 정약용은 수령들이 백성들을 위해 해야 할 일을 『○○심서』라는 책으로 정리했어.

❸ 『○○일기』는 박지원이 청나라에 가서 보고 들은 것을 기록한 책이야. 이 책에서 박지원은 수레 사용의 중요성을 주장했어.

❹ 김홍도는 백성들의 생활 모습을 생생하게 나타낸 ○○○도 그렸어.

❺ ○○○는 조선 시대에 소설을 읽어 주던 이야기꾼이야. 이들은 사람이 많은 곳에서 돈을 받고 이야기를 들려주었어.

❻ 김정호는 책처럼 보관하기도 편하고 펼쳐 보기도 편한 조선의 전체 지도인 『○○○○○』를 만들었어.

천	전	열	하	대	판
주	기	흠	흠	동	소
도	수	목	민	여	리
화	풍	림	산	지	도
서	속	초	충	도	북
원	화	북	학	파	경

▶비밀 숫자는 바로 _____!

찾아보기

7 한양 도성도(서울대학교규장각한국학연구원) ｜ **18** 숭례문(Getty Imgaes Bank), 흥인지문(북앤포토) ｜ **21** 호패 (국립중앙박물관) ｜ **30** 혼천의(북앤포토) ｜ **31** 앙부일구(Getty Imgaes Bank) ｜ **32** 자격루(국립고궁박물관), 첨성 대(북앤포토) ｜ **39** 청령포(북앤포토) ｜ **47**「맨드라미와 쇠똥구리」,「가지와 방아깨비」(국립중앙박물관) ｜ **48**「잠 자리와 버마재비」,「수박과 들쥐」,「오이와 개구리」,「만춘」(국립중앙박물관) ｜ **62** 판옥선(서울대학교규장각한국학 연구원) ｜ **76** 전주 사고(Altostratus / wikimedia CC BY-SA 4.0) ｜ **102** 탕평비(북앤포토) ｜ **106** 규장각(북앤포토) ｜ **109** 유형거(서울대학교규장각한국학연구원) ｜ **110** 수원 화성 팔달문(북앤포토) ｜ **127**「씨름」(국립중앙박물관) ｜ **128**「서당」(국립중앙박물관) ｜ **135**『대동여지도』,『대동여지도』지도 기호표(서울대학교규장각한국학연구원)

용선생 15분
한국사 독해

교과서 인물
총출동!

생생한 역사 인물 이야기로
초등 한국사 기초 완성!
한국사 필수 어휘까지 한 번에!

글 사회평론 역사연구소 외 | 그림 뭉선생 외 | 캐릭터 이우일

전 4권 • 1권 우리 역사의 시작 ~ 삼국 시대 • 2권 남북국 시대 ~ 고려 시대 • 3권 조선 시대 • 4권 개항기 ~ 현대

용선생 15분
한국사 독해

정답과 풀이

3

조선 시대

인물 이야기
음원 제공

120명의 역사 인물 이야기로
한국사를 읽는다!

사회평론

15분 집중의 힘
1등 하는 공부 습관

용선생 15분 한국사 독해

정답과 풀이

3

조선 시대

사회평론

01 이성계, 새 나라 조선을 세우다!

독해 학습   본문 8~11쪽

1 ④   2 (1) ○ (2) X (3) X
3 ③   4 ④
5 ㉠ 이성계 ㉡ 조선

어휘 학습

6 (1) ③ (2) ② (3) ①   7 ②

독해 학습

1 고려의 장군 이성계는 명령에 따라 병사를 이끌고 요동으로 떠났지만 위화도에서 군대를 돌렸습니다. 개경으로 돌아온 이성계는 우왕과 최영을 쫓아낸 뒤, 새 나라 조선을 세웠습니다.

2 (2) 고려의 우왕과 최영은 명나라를 먼저 공격해서 고려의 힘을 보여 주자고 했습니다.
(3) 명나라를 공격하기 위해 군대를 이끌고 위화도까지 간 사람은 이성계입니다.

3 이성계는 크고 강한 명나라와 전쟁을 벌이면 백성들이 고통스러워 할 것이고, 덥고 습한 여름이기 때문에 전염병이 돌 수 있고, 고려의 군대가 북쪽의 명나라를 공격하면 그 틈을 노리고 왜구가 남쪽에서 쳐들어올 수도 있다며 반대의 뜻을 밝혔습니다.

4 위화도에서 군대를 돌려 다시 개경으로 간 이성계는 우왕과 최영을 쫓아내고 고려의 일인자가 되었습니다. 그 후 이성계는 새 나라인 조선을 세우고 첫 번째 왕이 되었습니다.

5 원나라를 몰아내고 중국을 차지한 명나라는 고려에게 원나라가 차지했던 철령 북쪽 땅을 내놓으라고 요구했습니다. 우왕과 최영은 이 요구를 거부하며 ㉠ 이성계에게 명나라의 땅인 요동을 공격할 것을 명령했습니다. 그러나 이성계는 명나라와 전쟁을 벌이는 것에 반대하며 위화도에서 군대를 돌려 개경으로 돌아왔습니다. 개경으로 돌아온 이성계는 최영과 맞서 싸워 이긴 뒤 고려의 일인자가 되어 새 나라 ㉡ 조선을 세웠습니다.

어휘 학습

7 '역적'은 자기 나라나 민족, 임금을 배반한 사람을 뜻합니다. 역적에게 상을 주었다는 표현은 어울리지 않습니다.

02 정몽주, 고려와 함께 스러지다!

독해 학습   본문 12~15쪽

1 ㉢   2 신진 사대부
3 ④   4 ②
5 ㉠ 정몽주 ㉡ 이방원

어휘 학습

6 (1) ② (2) ③ (3) ①   7 일편단심

독해 학습

1 정몽주는 고려를 무너뜨리고 새 나라를 세우려는 세력에 반대하며 고려를 지키려고 했지만 이성계의 아들 이방원에 의해 죽임을 당하고 말았습니다.

2 신진 사대부는 고려 말에 나타난 세력으로 성리학을 공부하고 과거를 통해 관직에 진출했습니다. 이들은 고려의 권력을 독차지하고 있던 권문세족에 대항하며 고려 사회의 개혁을 주장했습니다. 정몽주는 신진 사대부를 대표하는 인물입니다.

3 정몽주는 고려를 무너뜨리고 새 나라를 세우려 하는 이성계의 생각과는 반대로 고려를 유지하면서 개혁하고자 했습니다. 정몽주의 「단심가」에는 고려에 끝까지 충성하고자 하는 그의 마음이 잘 드러나 있습니다.

4 정몽주는 새 나라를 세우고자 하는 이성계 세력에 반대했고 결국 이성계의 아들인 이방원은 부하들을 시켜 정몽주를 없앴습니다.

5 신진 사대부를 이끌던 ㉠ 정몽주는 고려 왕조를 유지하면서 사회를 개혁해 나가고자 했습니다. 반면 이성계를 중심으로 하는 세력은 고려를 무너뜨리고 새 나라를 세우려 했습니다. 정몽주는 새 나라를 세우는 것에 반대하며 이성계 세력과 대립하기 시작했습니다. 결국 정몽주는 그가 새 나라를 세우는 데 방해가 된다고 생각했던 이성계의 아들 ㉡ 이방원에 의해 죽임을 당하고 말았습니다.

03 조선의 수도 한양을 설계한 정도전

본문 16~19쪽

독해 학습

1 ④　　　2 (1) ○ (2) X (3) ○　　　3 ②
4 ③　　　5 ㉠ 정도전 ㉡ 한양

어휘 학습

6 (1) 사방 (2) 의롭다 (3) 수도
7 (1) 근본 (2) 외적 (3) 예외

독해 학습

1 조선을 만드는 데 큰 공을 세운 정도전은 유교의 정신을 담아 수도 한양을 설계했습니다.

2 (2) 정도전은 한양이 한반도의 중앙에 위치해 있어 지방을 다스리기에 부족함이 없을 것이라고 생각했습니다.

3 정도전은 유교의 덕목인 인·의·예·지(仁·義·禮·知)를 따라서 한양 도성 문들을 이름 지었습니다. 동쪽의 문은 '인(仁)'을 크게 일으킨다는 의미에서 흥인지문, 서쪽의 문은 '의(義)'를 북돋는다는 의미에서 돈의문, 남쪽의 문은 '예(禮)'를 높인다는 의미에서 숭례문이라고 이름 지었습니다. 북쪽의 문은 지혜를 뜻하는 '지(智)' 대신 예외를 두어 숙청문이라고 이름 지었습니다. 오늘날에는 숙청문을 숙정문이라고 부릅니다.

4 이성계는 고려의 수도였던 개경을 벗어나 한양에 새로운 수도를 세웠습니다. 이성계의 명을 받은 정도전은 유교의 정신을 담아 한양을 설계하고 종묘와 사직, 궁궐과 건물들을 지었습니다. 정도전은 한양 도성 문들도 유교의 용어를 사용해서 이름 붙였습니다.

5 조선을 세우는 데 큰 공을 세운 ㉠ 정도전은 이성계의 명을 받아 조선의 수도 한양을 설계한 인물입니다. 그는 종묘와 사직, 경복궁 등을 지으며 유교의 정신을 담아 수도 ㉡ 한양을 만들어 나갔습니다.

04 이방원, 강력한 왕을 꿈꾸다

본문 20~23쪽

독해 학습

1 ㉡ → ㉢　　　2 (1) X (2) ○ (3) X
3 ④　　　4 ④
5 ㉠ 이방원 ㉡ 정도전 ㉢ 호패

어휘 학습

6 (1) ② (2) ① (3) ③　　　7 (1) 세자 (2) 총애

독해 학습

1 이방원은 조선 왕조를 설계한 정도전과 동생 이방석 등 자신에게 방해가 되는 반대편 인물을 제거하고 강력한 왕권을 바탕으로 정책과 제도를 만들었습니다.

2 (1) 이성계의 신임을 받아 한양을 설계하는 일을 맡은 인물은 정도전입니다.
(3) 이방원은 동생 이방석을 없앴지만 둘째 형 이방과는 없애지 않았습니다. 이방과는 태조 이성계의 뒤를 이어 왕위에 오른 정종입니다. 그러나 정종은 2년 만에 이방원에게 왕위를 주었습니다.

3 정도전은 이방원의 생각과는 반대로 왕이 강력한 권한을 가지기보다는 현명한 신하에게 정치를 맡겨야 한다고 주장했습니다. 이방원은 이렇게 조선이 나아갈 방향에 대한 생각이 자신과는 다른 정도전을 싫어했습니다.

4 태종은 세금 낼 사람들을 분명하게 파악하기 위해 호패를 만들었습니다. 오늘날의 신분증과 같은 호패는 16세 이상의 남성만 차고 다녔습니다.

5 태종 ㉠ 이방원은 태조 이성계의 신임을 얻고 있던 ㉡ 정도전과 세자인 동생 방석을 없애고 권력을 잡았습니다. 왕이 된 후 그는 사병을 없애 왕만이 병사를 가질 수 있도록 하고, 왕권을 위협하는 외척을 제거했으며, 조선을 8개의 도로 나누어 나라의 정책이 전국으로 퍼질 수 있도록 하고, 16살 이상의 남성에게 일종의 신분증인 ㉢ 호패를 차고 다니게 하는 등 강력한 왕권을 바탕으로 나라에 필요한 제도들을 만들었습니다.

05 세종, 백성을 위한 정치를 펼치다

독해 학습

1 세종은 조선의 농사 경험과 농업 기술이 담긴 농사 책 『농사직설』을 펴냈습니다. 그리고 17만 2천 명이 넘는 백성들을 대상으로 한 설문 조사를 바탕으로 새로운 세금 제도를 실시했습니다.

2 세종은 토지에 대한 세금 제도를 바꾸기 위해 백성들에게 설문 조사를 실시하였습니다. 이렇게 세종은 나라의 정책을 혼자 결정하지 않고, 백성들의 의견을 들었습니다.

3 세종의 명으로 만들어진 농업 서적인 『농사직설』은 조선의 환경에 알맞은 농사법을 정리한 책입니다. 당시 사람들이 많이 보던 농사 책은 모두 중국에서 들여온 것이었기 때문에 날씨와 토양이 다른 조선에 그대로 적용하기 어려웠습니다. 세종은 각 도에 사는 경험 많은 농부들의 농업 기술을 조사해 그 내용을 기록하게 했습니다.

4 세종은 토지에 대한 세금 제도를 바꾸기 위해 전국의 백성 약 17만여 명에게 의견을 묻는 설문 조사를 했습니다. 그리고 그 결과에 따라 세금 제도를 수정하고 보완해 새로운 세금 제도를 실시했습니다.

5 ㉠ 세종은 조선의 날씨와 땅에 알맞은 농사 책인 『㉡ 농사직설』을 펴내 백성들이 농사를 잘 지을 수 있도록 도왔습니다. 또 백성들이 세금을 내는 데 억울함이 없게 하기 위해 새로운 세금 제도를 실시하는 등 백성을 생각하는 마음을 담아 정치를 펼쳤습니다.

어휘 학습

7 (1) 이 문장에서 '환경'은 사람이나 동식물이 살아가는 데 영향을 미치는 자연적 조건이나 상태란 뜻으로 쓰였습니다.
(2) 이 문장에서 '환경'은 생활하는 데 갖추어진 주변 조건이란 뜻으로 쓰였습니다.

06 장영실, 조선의 과학을 발전시키다

독해 학습

1 조선 시대 최고의 과학자로 불리는 장영실은 뛰어난 재주로 자격루, 앙부일구, 혼천의 등 다양한 과학 기구들을 만들며 세종을 도와 조선의 과학을 발전시켰습니다.

2 첨성대는 경상북도 경주시에 있는 천문 관측소로 신라 선덕 여왕 때 만들어졌습니다.

3 장영실은 별자리의 움직임에 따라 둥근 띠가 돌아 해, 달, 별의 움직임을 측정할 수 있고 계절의 변화도 알 수 있는 혼천의를 만들었습니다.

오답 피하기

① 장영실은 원래 지방 관청의 노비였습니다.
② 자동으로 시간을 알리는 물시계는 자격루입니다.
③ 장영실은 물건을 다루는 솜씨가 뛰어나 궁궐에 들어오게 되었고, 그 후 장영실의 뛰어난 실력을 믿은 세종이 그를 노비 신분에서 풀어 주고 관직도 주었습니다.

4 ㉠ 장영실은 원래 노비였으나 물건을 다루는 솜씨가 뛰어나 궁궐에서 일하게 되었습니다. 세종은 뛰어난 재주를 가진 장영실에게 중국 유학을 보내 주고 관직까지 주어 재능을 발휘할 수 있도록 했습니다. 장영실은 이러한 기회를 바탕으로 다양한 과학 기구들을 만들었습니다. 대표적인 것으로 천문 관측기구인 혼천의, 해시계인 ㉡ 앙부일구, 자동 물시계인 자격루가 있습니다.

어휘 학습

6 '자동'은 기계나 장치가 저절로 움직이는 것을 뜻합니다. 손으로 밀어야 열리는 출입문은 자동이 아니라 수동에 가깝습니다.

07 백성들에게 우리글을 선물한 세종

본문 34~37쪽

독해 학습

1 ㉠, ㉡　　　　2 ②
3 ④　　　　4 ②, ④
5 ㉠ 훈민정음 ㉡ 한자

어휘 학습

6 (1) ② (2) ③ (3) ①　　7 (1) 한자 (2) 원리

독해 학습

1 훈민정음은 백성을 가르치는 바른 소리라는 뜻을 담은 글자로 조선의 네 번째 왕인 세종이 만들어 반포했습니다. 세종은 혀의 위치, 입술, 목구멍의 모양을 본떠서 28개의 우리 글자를 만들었습니다.

2 세종은 세자와 함께 우리말을 표현할 수 있는 새로운 글자를 직접 만들었습니다.

3 신하들은 글자를 만들어 사용하는 것은 오랑캐와 같으며, 유교의 나라인 조선은 새로운 문자를 만들면 안 되고, 학자들이 쉬운 글만 배운다면 학문을 익히는 데 필요한 한문을 배우지 않을 것이라며 훈민정음의 사용을 반대했습니다. 이에 세종은 훈민정음은 백성들이 편하게 글을 익힐 수 있도록 하기 위해 만든 것이고, 읽고 쓰기 쉬운 훈민정음으로 유교의 원리를 풀어낸 책을 만든다면 백성들도 책을 읽고 유교의 원리를 쉽게 깨달을 수 있을 것이라고 말했습니다.

4 양반들은 훈민정음을 무시했지만 백성들과 여성들 사이에서 훈민정음은 널리 퍼졌습니다. 이들은 하루 만에 글자를 모두 외울 정도로 쉽고, 세상의 모든 소리를 우리글로 쓸 수 있게 해 주는 훈민정음을 좋아했습니다.

5 세종은 ㉠ 훈민정음을 만들어 백성들이 쉽게 글자를 배워 쓸 수 있도록 했습니다. ㉡ 한자는 복잡하고 어려워 많은 백성들이 불편함을 겪었고, 많은 백성들은 농사짓기 바빠 따로 글을 배울 여유도 없었기 때문입니다. 세종은 혀의 위치, 입술, 목구멍 모양을 본떠서 28개의 우리 글자를 만들었고, 이를 세상에 반포했습니다. 한문을 사용하던 양반들은 훈민정음을 무시했지만 백성들과 여성들 사이에서 널리 퍼졌습니다.

08 조카를 몰아내고 왕이 된 세조

본문 38~41쪽

독해 학습

1 ㉠ 수양 대군 ㉡ 세조　　2 단종
3 ㉢ → ㉠ → ㉡　　　　4 ①
5 ㉠ 김종서 ㉡ 사육신

어휘 학습

6 (1) 반역 (2) 유배 (3) 대군　　7 ③

독해 학습

1 수양 대군은 단종의 곁에서 나랏일을 이끌던 김종서와 그 무리를 없애고 단종의 왕위를 빼앗아 왕이 되었습니다. 그가 바로 조선의 제7대 왕인 세조입니다.

2 아버지인 문종이 일찍 죽자 그 아들인 단종은 열한 살이라는 어린 나이에 왕위에 올랐습니다. 그러자 단종의 삼촌이었던 수양 대군은 단종을 도우면서 나랏일을 이끌고 있었던 김종서와 그 무리를 없애고 나라의 중요한 관직들을 차지하기 시작했습니다.

3 ㉢ 수양 대군은 당시 단종의 곁에서 나랏일을 이끌고 있던 김종서를 없애고 일인자가 되었습니다. ㉠ 단종은 어쩔 수 없이 큰 권력을 가진 수양 대군에게 왕위를 넘겼습니다. ㉡ 수양 대군이 단종의 왕위를 억지로 빼앗았다고 생각한 신하들은 단종을 다시 왕으로 세우려는 계획을 세웠지만 결국 계획이 탄로나 죽임을 당했습니다.

4 단종을 다시 왕으로 세우려고 했던 신하들은 세조를 왕으로 인정하지 않았습니다. 결국 그들은 모진 고문 끝에 죽임을 당했습니다. 이때 죽은 여섯 명의 신하를 사육신이라고 합니다.

5 수양 대군은 단종의 곁에서 나라를 이끌고 있던 ㉠ 김종서와 그 무리를 제거하고 권력을 차지했습니다. 단종은 큰 권력을 쥔 수양 대군을 막을 수가 없었고 결국 그에게 왕위를 넘겼습니다. 그가 바로 세조입니다. 하지만 몇몇 신하들은 왕이 된 세조를 인정하지 않으며 단종을 다시 왕으로 만들려는 계획을 세웠습니다. 하지만 이 계획은 사전에 발각되었고, 계획을 세웠던 ㉡ 사육신은 죽음을 맞이했습니다.

어휘 학습

7 '배반하다'는 믿음과 의리를 저버리다는 뜻입니다. 뜻을 함께하던 동료가 배반한다면 계획대로 일이 진행되지 않았을 것입니다.

09 조광조, 개혁을 향한 꿈이 꺾여 버리다

본문 42~45쪽

독해 학습

1 ㉡
2 (1) ○ (2) ○ (3) ✕
3 ③
4 ④
5 ㉠ 조광조 ㉡ 현량과

어휘 학습

6 (1) ② (2) ③ (3) ①
7 ③

독해 학습

1 조광조는 중종을 도와 조선을 개혁하려고 했습니다. 하지만 조광조의 개혁에 불만을 품은 공신들의 모함으로 결국 조광조는 중종에게 버림을 받았고 그의 개혁도 실패하고 말았습니다.

2 (3) 조광조는 당시 과거 제도에 문제가 있다고 생각해 이름 높은 선비를 추천 받아 관리로 뽑는 현량과를 제안했습니다.

3 조광조는 기존의 과거 제도로는 학문과 덕행을 고루 갖춘 신하를 뽑기에 어려움이 있다고 생각해 중종에게 현량과를 제안했습니다. 현량과는 전국에서 이름 높은 선비들을 추천 받아 관리로 뽑는 제도입니다.

4 조광조가 아무런 공이 없는 가짜 공신을 걸러 내려고 하자, 공신들은 조광조를 모함해 관직에서 쫓아내고자 했습니다. 공신들은 몰래 나뭇잎에 꿀물로 '주초위왕(走肖爲王)'이라는 글자를 써서 벌레가 파먹게 했습니다. 그리고 그 나뭇잎을 중종에게 보여 주고는 조광조가 왕위를 노린다며 모함을 했습니다.

5 중종은 공신들의 세력을 견제하려고 ㉠ 조광조에게 힘을 실어 주었습니다. 중종의 지지를 받아 높은 관직에 오른 조광조는 다양한 개혁을 시도했습니다. 조광조는 인재를 추천 받아 관리로 뽑는 제도인 ㉡ 현량과를 실시했습니다. 그리고 중종을 왕으로 세워 준 공신 중에서 공이 없는데도 가짜로 공신이 된 자들을 걸러 내야 한다고 주장했습니다. 그러나 조광조는 공신들의 모함을 받아 중종에게 버림을 받으면서 결국 개혁을 이어 가지 못했습니다.

어휘 학습

7 '옛날에 학식이 있고 의리와 원칙을 지키는 사람을 이르는 말'이 뜻하는 낱말은 '선비'입니다.

10 살아 숨 쉬는 자연을 그린 신사임당

본문 46~49쪽

독해 학습

1 ③
2 ④
3 ㉠, ㉢
4 ㉠ 신사임당 ㉡ 초충도

어휘 학습

5 (1) ③ (2) ① (3) ②
6 (1) 생전 (2) 소양

독해 학습

1 신사임당은 조선을 대표하는 예술가로 불립니다. 어릴 적부터 학문과 그림에 뛰어났던 신사임당은 일상에서 볼 수 있는 자연의 모습을 그리며 많은 작품을 남겼습니다.

2 신사임당은 풀과 풀벌레 등 작고 단순한 주제들을 간결하면서 섬세하게 잘 그려 내었습니다. ①은 「잠자리와 버마재비」, ②는 「수박과 들쥐」, ③은 「오이와 개구리」입니다. ④는 유명한 화가 안견의 그림으로 전해지는 사시팔경도 중 「만춘」으로 초충도에 해당하지 않습니다.

3 신사임당은 안견의 그림을 따라 그리는 등 어려서부터 학문과 그림에 뛰어났습니다. 그는 자식들에게 학문을 가르쳤으며 조선을 대표하는 학자인 율곡 이이를 길러 냈습니다.

오답 피하기

㉡ 신사임당은 결혼을 하고 몇 년 뒤 강원도 강릉을 떠나 한양으로 갔습니다.

4 ㉠ 신사임당은 어린 시절부터 학문과 그림에 소질을 보이며 예술가로 자랐습니다. 신사임당은 일상에서 쉽게 볼 수 있는 자연의 모습을 있는 그대로 그리는 등 학문과 그림에 모두 뛰어났던 조선 시대의 대표적인 예술가입니다. 신사임당이 남긴 그림 가운데 풀과 풀벌레를 그린 ㉡ 초충도가 유명합니다.

11 조선을 일으키려 힘쓴 천재, 이이

독해 학습 본문 52~55쪽

1 ⓛ → ⓒ
2 (1) ○ (2) ○ (3) X
3 구도장원공
4 ①, ③
5 ㉠ 이이 ㉡ 성학집요

어휘 학습

6 (1) ③ (2) ② (3) ①
7 (1) 고을 (2) 성현

독해 학습

1 이이는 평소 임금에게 조언했던 내용과 유교 경전과 역사책에서 임금에게 들려주고 싶은 부분을 정리해서 『성학집요』라는 책을 지어서 선조에게 바쳤습니다.

2 (3) 선조는 이이가 바친 『성학집요』가 나라를 다스리는 데 큰 도움이 될 것이라고 하며 다음 왕들에게 이 책을 꼭 읽을 것을 권했습니다.

3 이이는 어려서부터 글공부를 좋아해 13살의 나이에 어른들과 함께 치른 고을의 진사 시험에서 장원을 하기도 했습니다. 이후 이이는 부지런히 공부해 23살에 한양에서 열린 과거 시험에서 장원을 하며 나라의 관리가 되었습니다. 이이는 아홉 차례 시험에서 모두 장원을 하며 '구도장원공'이라는 별명을 갖게 되었습니다.

4 이이는 나랏일에 대해 토론하는 경연에서 부담이 큰 잘못된 세금 제도를 바로잡고, 혹시 모를 큰일에 대비하기 위해 각 도마다 병사를 모아 10만 군대를 길러야 한다고 말했습니다.

5 관리로서 실력을 인정받은 ㉠ 이이는 잘못된 세금 제도를 고치고 혹시 모를 큰일에 대비해 10만의 군대를 기르는 등 적극적인 개혁을 할 것을 주장했습니다. 그리고 자신이 임금에게 조언했던 내용들과 유교 경전, 역사책에서 임금에게 들려주고 싶은 부분을 뽑아 『㉡ 성학집요』를 지어 선조에게 바쳤습니다.

12 임진왜란, 일본이 조선에 쳐들어오다!

독해 학습 본문 56~59쪽

1 ①
2 (1) X (2) ○ (3) X
3 ③
4 ③
5 ㉠ 신립 ㉡ 선조

어휘 학습

6 (1) 기병 (2) 피란하다 (3) 국경
7 ②

독해 학습

1 임진년(1592)에 일본이 조선에 쳐들어와 시작된 전쟁은 임진왜란입니다. 일본군은 조선의 궁궐, 백성들의 마을을 파괴했고 백성들은 큰 고통을 당했습니다.

2 (1) 일본군이 갑작스럽게 부산에 쳐들어오자 동래성의 관리와 백성들은 일본군을 막아 내기 위해 치열하게 싸웠습니다. 그러나 열 배가 넘는 일본군에게 동래성을 빼앗겼습니다.
(3) 신립은 북쪽의 여진족을 여러 번 물리친 장수입니다.

3 신립은 선조의 명을 받고 충주의 탄금대에서 일본군과 전투를 벌였습니다. 하지만 조총으로 무장한 일본군을 당해 내지 못하고 패배했습니다.

4 탄금대 전투에서 승리하자 일본군은 곧장 한양으로 쳐들어왔습니다. 한양의 궁궐마저 위험해지자 선조는 북쪽의 의주로 피란해 명나라에게 도움을 요청했습니다.

5 임진년(1592)에 일본이 부산에 쳐들어와 빠르게 동래성을 점령하고 한양을 향해 올라왔습니다. ㉠ 신립 장군은 충주의 탄금대에서 일본군과 맞서 싸웠지만 일본군에게 크게 패배했습니다. 그러자 ㉡ 선조는 명나라에 도움을 요청하기 위해 명나라와의 국경에 있는 의주로 피란했습니다.

어휘 학습

7 '아수라장'은 싸움이 나거나 큰일이 벌어져 몹시 어지러운 상태를 이릅니다. 한밤중 우리 집의 고요한 상황과 아수라장의 표현은 어울리지 않습니다.

13 이순신, 한산도 앞바다에서 크게 이기다!

본문 60~63쪽

독해 학습

1 ④   2 ㉠ → ㉢ → ㉡
3 판옥선   4 ④
5 ㉠ 이순신 ㉡ 학익진

어휘 학습

6 (1) ③ (2) ① (3) ②   7 (1) 화포 (2) 대책

독해 학습

1 이순신과 조선 수군은 한산도 앞바다에서 학익진 전술로 일본 배 47척을 부수고 12척을 빼앗는 큰 승리를 거두었습니다.

2 이순신은 견내량의 좁은 바다에서 전투를 벌이면 크기가 커서 활과 화포를 쏘기에 좋은 판옥선의 장점을 살리기 어렵다고 생각했습니다. 그래서 이순신은 한산도 앞의 넓은 바다에서 일본군과 맞서 싸울 계획을 세웠습니다. 한산도 대첩에서 조선 수군이 사용한 전술은 ㉠ 견내량에 배 몇 척을 보낸 뒤 겁먹은 척 도망쳐 일본 배를 유인한 후 ㉢ 일본 배들이 한산도 앞의 넓은 바다로 빠져 나오는 순간 일본 배들을 포위하고, ㉡ 학익진을 펼쳐 화포를 쏘며 일본 배를 공격하는 것이었습니다.

3 판옥선은 조선 시대 수군의 대표적인 전투선으로 임진왜란 전부터 이용했습니다. 작고 빠른 일본 배와 달리 판옥선은 크기가 커서 이동 속도가 느렸지만 활과 대포를 쏘기에 유리했습니다.

4 한산도 대첩에서 승리를 거둔 조선 수군은 바다를 장악하게 되었습니다. 조선 수군에게 패배한 일본군은 바다를 통해 육지에 있는 일본군에게 무기와 식량을 전달하기 어렵게 되었습니다.

5 ㉠ 이순신은 일본군이 바다를 통해 식량과 무기를 전달하는 것을 막기 위한 대책을 세웠습니다. 이순신은 견내량에서 진을 치고 있던 일본군을 유인해 한산도 앞바다로 끌어낸 뒤 ㉡ 학익진을 펼쳐 일본군을 크게 무찔렀습니다. 이 전투를 한산도 대첩이라고 합니다. 이 전투의 승리로 조선 수군은 바다에서 일본군을 모두 몰아낼 수 있었습니다.

14 곽재우, 의병을 이끌고 조선을 지키다!

본문 64~67쪽

독해 학습

1 의병   2 ③
3 ④   4 ②
5 ㉠ 곽재우 ㉡ 진주성

어휘 학습

6 (1) ③ (2) ① (3) ②   7 ④

독해 학습

1 나라를 지키겠다는 의로운 마음으로 스스로 일어난 병사들을 의병이라고 합니다. 임진왜란이 일어나자 곽재우는 가장 먼저 의병을 일으켰습니다. 곽재우는 자신의 재산으로 무기를 사고 군대를 꾸려 일본군과 맞서 싸웠습니다.

2 일본군이 진주성을 공격한다는 소식이 들리자, 곽재우는 의병을 보내 진주성의 바깥에서 일본군을 공격하며 진주성 안의 조선 병사들을 도왔습니다.

3 곽재우는 일본군을 무찌르기 위해 언덕 근처의 수풀에 숨어 있다가 일본군이 나타나자 횃불을 들고 나팔을 불며 기습하는 작전을 사용했습니다. 일본군은 갑작스러운 공격에 혼비백산해 도망쳤습니다.

4 일본군이 조선에 쳐들어오자 곽재우는 나라를 위해 자신의 재산을 내놓아 의병을 일으켰습니다. 곽재우는 일본군과 싸울 때 붉은 옷을 입고 앞장섰는데, 사람들은 이러한 곽재우를 붉은 옷을 입은 장군이라는 뜻에서 홍의 장군이라고 불렀습니다.

5 ㉠ 곽재우는 임진왜란이 일어나자 가장 먼저 의병을 일으켜 일본군과 맞섰습니다. 곽재우는 적은 수의 의병으로 많은 수의 일본군을 무찌르기 위해 산속 언덕 근처에서 기습을 하는 작전을 사용했습니다. 또한 일본군이 전라도로 가는 길목에 있는 ㉡ 진주성을 공격하려 하자 의병들을 보내 도왔습니다.

어휘 학습

7 '넋이 나갈 정도로 몹시 놀람'을 뜻하는 낱말은 '혼비백산'입니다. ① 백발백중은 백 번 쏘아 백 번 맞힌다는 뜻으로, 총이나 활을 쏠 때마다 겨눈 곳을 다 맞음을 이르는 말입니다. ② 호시탐탐은 호랑이가 눈을 부릅 뜨고 먹이를 노려본다는 의미로, 남의 것을 빼앗기 위해 기회를 엿본다는 뜻입니다. ③ 허겁지겁은 조급한 마음으로 몹시 허둥거리는 모양을 말합니다.

15 이순신, 12척의 배로 일본군을 물리치다!

독해 학습 본문 68~71쪽

1 ㉠ → ㉣ 2 (1) ○ (2) X (3) ○
3 ④ 4 ③
5 ㉠ 이순신 ㉡ 명량

어휘 학습

6 (1) ① (2) ② (3) ③ 7 (1) 누명 (2) 절망

독해 학습

1 이순신은 12척의 배와 120명의 병사 밖에 남아 있지 않은 절망적인 상황에서도 포기하지 않고 명량의 거센 물살을 이용해서 일본군을 크게 물리쳤습니다.

2 (2) 이순신은 명량에서 12척의 배로 훨씬 많은 일본 배를 물리쳤습니다.

3 이순신은 수차례 일본군을 무찌르며 백성들에게 인기가 높아졌습니다. 왕과 신하들은 그런 이순신을 질투했고, 결국 이순신은 누명을 쓰고 한양으로 잡혀가 벌을 받았습니다. 하지만 이순신이 자리를 비운 사이 조선 수군이 일본군에게 크게 져 위기에 빠지자, 결국 이순신은 다시 삼도 수군 통제사가 되어 조선의 수군을 맡게 되었습니다.

4 이순신은 울돌목(명량)의 거센 물살을 이용해 일본군을 무찌르려고 했습니다. 이순신이 탄 배는 맨 앞에 서서 바닷길의 길목을 지키며 일본 배들을 막고 울돌목의 물살이 바뀔 때까지 버텼습니다. 곧 울돌목의 물살이 바뀌었고, 수많은 일본 배들은 파도에 휩쓸려 혼란에 빠지기 시작했습니다. 조선 수군은 이때를 노려 일본군을 공격해 크게 승리했습니다.

5 조선의 수군 통제사 ㉠ 이순신이 누명을 쓰고 한양으로 불려가 벌을 받는 사이 조선 수군이 일본군에게 크게 지고 많은 배와 병사를 잃었습니다. 결국 이순신은 다시 삼도 수군 통제사가 되어 ㉡ 명량의 거센 물살을 이용해 12척의 배로 수많은 일본군을 물리쳤습니다. 이 전투로 일본군은 크게 불리해졌습니다. 이후 일본의 우두머리인 도요토미 히데요시가 일본에서 죽자 일본군이 조선에서 물러나면서 임진왜란은 끝이 났습니다.

16 손홍록과 안의, 『조선왕조실록』을 지켜 내다!

독해 학습 본문 74~77쪽

1 ④ 2 (1) X (2) X (3) ○
3 사고 4 ③
5 ㉠ 손홍록 ㉡ 『조선왕조실록』

어휘 학습

6 (1) ① (2) ③ (3) ② 7 (1) 번갈아 (2) 일거수일투족

독해 학습

1 임진왜란 도중 전주 사고에 있던 『조선왕조실록』이 일본군의 침략으로 없어질 위험에 처했습니다. 손홍록과 안의는 전주 사고에 있던 『조선왕조실록』을 전라북도 정읍에 있는 내장산으로 옮겨 전쟁의 피해를 입지 않도록 지켜 냈습니다.

2 (1) 손홍록과 안의는 전주 사고가 위험해지자 『조선왕조실록』을 내장산으로 옮겼습니다.
(2) 『조선왕조실록』에는 왕의 일거수일투족뿐만 아니라 정치, 외교, 사회, 백성들의 생활 모습 등 당시 조선을 이해할 수 있는 여러 기록들을 담고 있습니다.

3 조선 시대에 실록을 비롯한 중요한 기록들을 보관하기 위해 국가에서 만든 창고를 사고(史庫)라고 합니다. 손홍록과 안의는 임진왜란 때 유일하게 피해를 입지 않은 전주 사고의 실록을 내장산으로 옮겼습니다.

4 손홍록과 안의는 『조선왕조실록』을 내장산의 깊고 험한 산속으로 옮긴 뒤, 일본군이 이곳까지 쳐들어올 것에 대비해 내장산에 남아 『조선왕조실록』을 지켰습니다.

5 ㉠ 손홍록과 안의는 임진왜란으로 피해를 입을 위험에 처했던 전주 사고의 ㉡ 『조선왕조실록』을 내장산으로 옮겨 온전하게 지켜 냈습니다. 전쟁이 끝난 후 나라에서는 전주 사고의 실록을 바탕으로 다시 실록을 여러 부 찍어 내어 전국의 여러 사고에 나누어 보관했습니다. 이들이 지켜 낸 『조선왕조실록』은 그 가치를 인정받아 1997년 유네스코 세계 기록 유산으로 등재되었습니다.

17 허준, 『동의보감』으로 백성들을 돌보다

본문 78~81쪽

독해 학습

1 ㉠

2 ②, ③

3 (1) 백성 (2) 돌보지 못했다는 (3) 유네스코

4 ④

5 ㉠ 허준 ㉡ 동의보감

어휘 학습

6 (1) ② (2) ③ (3) ① 　　7 ①

독해 학습

1 조선 시대의 의원 허준은 백성들을 위한 의학책인 『동의보감』을 지었습니다. 허준의 『동의보감』은 조선 백성들의 건강에 큰 도움이 되었습니다.

2 『동의보감』은 허준이 선조의 명을 받고 우리나라의 의학을 체계적으로 정리해 지은 의학책입니다. 『동의보감』에는 우리 땅에서 나는 약초의 효능이 기록되어 있어 백성들은 『동의보감』을 보고 스스로 약초를 구해 병을 치료할 수 있었습니다.

　오답 피하기

　㉠ 『동의보감』은 백성들을 위한 의학책입니다.

　㉢ 광해군이 『동의보감』을 전국에 퍼뜨렸습니다.

3 (1) 조선의 백성들은 치료비와 약값이 비싸 아파도 제대로 치료받지 못하는 일이 많았습니다.

(2) 의관이었던 허준은 선조가 죽자 선조를 잘 돌보지 못했다는 이유로 유배를 갔습니다.

(3) 『동의보감』은 세계적으로 인정을 받아 2009년 유네스코 세계 기록 유산으로 지정되었습니다.

4 허준이 지은 『동의보감』에는 값비싼 중국의 약초 대신 조선 땅에서 쉽게 구할 수 있는 약초가 설명되어 있습니다. 『동의보감』으로 백성들은 약초를 주변에서 구해 병을 치료할 수 있게 되었습니다.

5 선조는 ㉠ 허준에게 우리나라의 의학을 체계적으로 정리해 백성들을 위한 의학책을 지으라고 명했습니다. 이에 허준은 『㉡ 동의보감』을 완성하였고, 광해군은 허준이 완성한 의학책을 전국에 퍼뜨려 백성들이 치료비와 비싼 약값 없이도 스스로 병을 치료할 수 있도록 했습니다.

어휘 학습

7 빈칸에는 '옛날에 나랏일을 맡아보던 자리'라는 뜻을 가진 낱말인 '벼슬'이 가장 적절합니다.

---

18 광해군, 명나라와 후금 사이에서 길을 찾다

본문 82~85쪽

독해 학습

1 ㉠ 광해군 ㉡ 후금

2 (1) X (2) ○ (3) ○

3 (1) ㉡ (2) ㉠

4 ④

5 ㉠ 후금 ㉡ 인조

어휘 학습

6 (1) 세력 (2) 적대 (3) 의리 　　7 ①

독해 학습

1 광해군이 명나라와 후금 사이에서 중립을 지키자, 신하들은 임진왜란 때 조선을 도와준 명나라의 은혜를 저버렸다며 반발했습니다. 결국 신하들은 광해군을 쫓아내고 인조를 왕위에 앉혔습니다.

2 (1) 광해군이 왕이 됐을 때, 후금을 세운 민족은 여진족입니다.

3 (1) 광해군은 후금과 적이 되면 조선이 위험해질 것이라고 생각했습니다. 따라서 광해군은 명나라와 후금 사이에서 중립을 유지하려 했습니다.

(2) 신하들은 명나라가 임진왜란 때 조선을 도와주었기 때문에 그 은혜를 갚기 위해서는 명나라의 편을 들어야 한다고 주장했습니다.

4 광해군은 후금을 적으로 만들어 전쟁이 일어나면 백성들이 큰 피해를 볼 것이라고 생각했습니다. 따라서 강홍립 장군에게 상황을 지켜보면서 움직이도록 명령하며 조선과 후금의 갈등이 일어나지 않게 했습니다.

5 광해군은 ㉠ 후금의 힘이 강해지고, 명나라의 힘이 약해지고 있으므로 후금을 적으로 돌려서는 안 된다고 생각했습니다. 광해군은 명나라를 도우러 가는 강홍립에게 상황을 지켜보며 움직이도록 명령하며 후금과 명나라 사이에서 중립을 지켰습니다. 조선의 신하들은 이에 불만을 품고 반란을 일으켜 광해군을 내쫓고 그의 조카인 ㉡ 인조를 왕위에 앉혔습니다. 이로써 광해군의 중립 외교도 끝이 났습니다.

어휘 학습

7 '윗사람이 아랫사람에게 무엇을 하게 함'을 뜻하는 낱말은 '명령'입니다.

---

19 인조, 청나라에 무릎을 꿇다

본문 86~89쪽

독해 학습

1 병자호란
2 (1) ○ (2) X (3) ○
3 ⓛ → ㉠ → ㉢
4 ②
5 ㉠ 청나라 ㉡ 남한산성

어휘 학습

6 (1) ② (2) ③ (3) ①
7 (1) 피신 (2) 인질

독해 학습

1 병자호란은 병자년에 벌어진 난으로, 청나라가 조선에 쳐들어온 사건을 말합니다. 인조는 남한산성으로 피란했지만 결국 청나라에 항복하고 말았습니다.

2 (2) 남한산성에는 군사들이 먹을 식량이 겨우 50일치밖에 없었습니다. 게다가 무척 추운 겨울이라 군사들이 버티기 힘든 상황이었습니다.

3 청나라는 조선에게 자신들을 황제의 나라로 받들라고 요구했습니다. 인조가 청나라의 요구를 거절하자 ㉡ 청나라 군대가 조선에 쳐들어왔습니다. ㉠ 인조는 청나라 군대를 피해 남한산성으로 피란했지만 곧 청나라 군대가 남한산성에 도착했고 청나라 황제가 항복을 요구했습니다. 결국 버티지 못한 ㉢ 인조는 청나라 황제에게 항복했고 조선은 청나라를 황제의 나라로 떠받들게 되었습니다.

4 청나라 군대가 남한산성을 에워싸자 조선의 신하들은 화친을 맺어 전쟁을 끝내자는 신하들과 끝까지 맞서 싸우자는 신하들로 의견이 나뉘었습니다. 하지만 남한산성에서는 부족한 식량과 강한 추위로 군사들이 오래 버틸 수 없었고, 인조의 아들들이 사로잡혔으며, 지방에서 온 조선군마저 청나라의 군대에게 지면서 결국 인조는 청나라에 항복했습니다.

5 청나라를 황제의 나라로 모시라는 요구를 조선이 거절하자 ㉠ 청나라 군대가 조선에 쳐들어왔습니다. 인조는 신하들을 이끌고 ㉡ 남한산성으로 피란했지만 상황이 악화되자 결국 청나라 황제에게 항복하며 청나라를 황제의 나라로 모시게 되었습니다. 이후 청나라는 조선의 왕자들과 신하, 많은 백성들을 인질로 끌고 갔습니다.

20 울릉도와 독도를 지킨 안용복

본문 90~93쪽

독해 학습

1 ④
2 (1) X (2) ○ (3) ○
3 ②, ④
4 ④
5 ㉠ 안용복 ㉡ 울릉도

어휘 학습

6 (1) ② (2) ① (3) ③
7 ②

독해 학습

1 안용복은 일본에 두 차례 다녀오면서 일본 정부에 울릉도와 독도가 조선 땅임을 강하게 주장했고 일본 정부로부터 울릉도와 독도에 일본인이 넘어오지 않게 하겠다는 약속을 받아 냈습니다.

2 (1) 일본 정부는 자신들의 잘못을 사과하고 울릉도와 독도에 넘어 들어오지 않겠다고 약속을 하며 울릉도와 독도가 조선 땅임을 인정했습니다.

3 안용복이 울릉도와 독도가 조선 땅이라고 주장한 이유는 울릉도에는 오래전부터 조선인들이 살고 있었고, 조선에서 울릉도까지는 배를 타고 하루가 걸리는 거리이지만 일본에서 울릉도까지는 배를 타고 5일이나 걸릴 만큼 멀기 때문입니다.

4 안용복은 조선 관리의 옷을 입고 울릉도와 독도를 감독하는 조선 관리인 척하며 일본 정부에게 울릉도와 독도가 조선의 땅임을 다시 한번 강력하게 주장했습니다. 결국 일본 정부는 자신들의 잘못을 사과하고 울릉도와 독도로 넘어오지 않게 하겠다고 약속을 했습니다.

5 ㉠ 안용복은 독도 근처에서 고기잡이를 하고 있는 일본인 어부들을 꾸짖다가 일본으로 납치되었으나 일본 관리 앞에서 당당하게 ㉡ 울릉도와 독도가 조선 땅임을 주장하며 이를 인정하는 일본 정부의 외교 문서까지 받아 냈습니다. 이후에도 일본인들이 계속 울릉도와 독도에 넘어오자 안용복은 조선 관리의 옷을 갖춰 입고 다시 일본으로 건너가서 항의를 하며 울릉도와 독도가 조선의 땅임을 확실히 했습니다.

어휘 학습

7 '이미 한 일이나 앞으로 할 일을 단단히 강조하는 것을 뜻하는 낱말은 '다짐'입니다.

21 숙종, 신하들의 운명을 뒤바꿔 놓다

본문 96~99쪽

독해 학습

1 환국
2 (1) X (2) X (3) ○
3 인현 왕후
4 ③
5 ㉠ 숙종 ㉡ 환국

어휘 학습

6 (1) ② (2) ③ (3) ①
7 ②

독해 학습

1 숙종은 신하들의 싸움을 줄이고 정치를 안정시키기 위해서 권력을 쥐고 있는 신하들을 한꺼번에 급작스럽게 바꾸는 환국을 일으켰습니다.

2 (1) 숙종의 첫째 아들은 희빈 장씨가 낳았습니다. 숙종과 인현 왕후 사이에는 아이가 없었습니다.
(2) 숙종 때 신하들은 각각 인현 왕후나 희빈 장씨의 한쪽 편에 서서 권력을 쥐기도 하고 잃기도 했습니다.

3 인현 왕후가 오랫동안 아이를 갖지 못하고 있을 때, 희빈 장씨가 왕자를 낳았습니다. 인현 왕후의 편에 섰던 신하들이 희빈 장씨의 아들을 견제하자 숙종은 그들과 인현 왕후를 내쫓았습니다. 몇 년 뒤 희빈 장씨의 편에 선 신하들이 권력을 함부로 휘두르자 숙종은 환국을 일으켜 이들을 내쫓고 인현 왕후와 인현 왕후 편에 섰던 신하들을 다시 불러 들였습니다.

4 숙종은 새 왕비가 된 희빈 장씨의 편에 선 신하들이 권력을 함부로 휘두르자 이들을 내쫓고, 대신 인현 왕후와 인현 왕후의 편에 섰던 신하들을 다시 불러 들이는 환국을 일으켰습니다.

5 인현 왕후 편에 선 신하들이 희빈 장씨가 낳은 아들을 자신의 뒤를 이을 사람으로 삼는 것에 반대하자 ㉠ 숙종은 권력을 쥐고 있는 신하들을 한꺼번에 교체하는 환국을 일으키며 이들을 내쫓고 인현 왕후도 궁궐에서 쫓아냈습니다. 그러나 희빈 장씨의 편에 선 신하들이 권력을 함부로 휘두르자 숙종은 다시 ㉡ 환국을 일으켜 이들을 내쫓고 인현 왕후와 인현 왕후 편에 선 신하들을 불러 들였습니다.

어휘 학습

7 빈칸에는 '일정한 직위나 직무를 남에게 맡김'이라는 뜻을 가진 낱말인 '임명'이 가장 적절합니다.

22 영조, 탕평으로 나라를 안정시키다

본문 100~103쪽

독해 학습

1 ㉡
2 (1) 관계없이 (2) 탕평비 (3) 왕실
3 ①
4 ③
5 ㉠ 탕평 ㉡ 균역법

어휘 학습

6 (1) ① (2) ③ (3) ②
7 (1) ② (2) ①

독해 학습

1 영조는 신하들끼리 편을 갈라서 붕당을 이루고 다투는 일이 심해지자 붕당에 관계없이 인재를 등용하는 탕평 정치를 했고, 군포를 반으로 줄이는 균역법을 실시해 백성의 부담을 덜어 주었습니다.

2 (1) 영조는 어느 한 편에 치우치지 않고 붕당에 관계없이 공평하게 신하를 뽑아 쓰려 했습니다.
(2) 영조는 탕평의 뜻을 새긴 탕평비를 세웠습니다.
(3) 영조는 균역법으로 부족해진 세금을 보충하기 위해 왕실의 재산을 내고, 양반에게 거두기도 했습니다.

3 영조는 군역을 하는 대신 냈던 세금인 군포를 반으로 줄이는 균역법을 시행해 백성들의 부담을 덜어 주었습니다.

오답 피하기

③ 호패는 태종이 16세 이상 남성에게 차고 다니게 한 신분증입니다.
④ 현량과는 중종 때 조광조가 제안한 관리 등용 제도입니다.

4 영조는 당시 신하들이 편을 나눠 붕당을 이루고 심하게 다투며 나랏일을 뒷전으로 하자 붕당에 관계없이 신하를 뽑아 쓰는 탕평에 힘썼고, 탕평비를 세워 탕평의 뜻을 분명히 알리고자 했습니다.

5 영조는 ㉠ 탕평을 내세우며 어느 한 붕당에 치우치지 않고 공평하게 신하를 뽑아 붕당끼리의 싸움을 막고자 했습니다. 또한 ㉡ 균역법으로 군포의 양을 반으로 줄여서 백성들의 부담을 덜어주며 나라를 안정시켰습니다.

어휘 학습

7 (1) 이 문장에서 '소인'은 마음 씀씀이가 좁고 바르지 않은 사람이란 뜻으로 쓰였습니다.
(2) 이 문장에서 '소인'은 초등학생 정도의 나이가 어린 사람이란 뜻으로 쓰였습니다.

23 정조, 규장각에서 새로운 조선을 꿈꾸다!

본문 104~107쪽

독해 학습

1 ⊙ 정조 ⓒ 규장각
2 (1) X (2) X (3) ○
3 ①
4 ③
5 ⊙ 영조 ⓒ 규장각

어휘 학습

6 (1) ③ (2) ① (3) ②
7 (1) 선왕 (2) 차별

독해 학습

1 정조는 할아버지인 영조의 뒤를 이어 왕위에 올랐습니다. 정조는 탕평으로 붕당을 가리지 않고 인재를 등용해 정치를 안정시켰습니다. 또 궁궐 안에 왕실 도서관인 규장각을 지어서 신하들을 교육하고 그들과 함께 백성들을 위한 정책을 만들었습니다.

2 (1) 정조는 영조의 손자입니다. 영조의 아들이 일찍 죽자, 그의 아들인 정조가 영조의 뒤를 이어 왕위에 올랐습니다.
(2) 정조가 왕이 되었을 때 여전히 붕당들의 다툼이 남아 있었습니다. 정조는 영조의 뜻을 이어받아 탕평으로 정치를 안정시키려 했습니다.

3 규장각은 정조가 궁궐 안에 지은 도서관입니다. 규장각은 신하들이 학문과 정책을 연구하는 장소이기도 했습니다.

4 정조는 어린 시절, 할아버지인 영조의 뜻을 잘 따르고 많은 책을 읽으며 열심히 공부했습니다.

5 정조는 ⊙ 영조의 뜻을 이어받아 붕당을 가리지 않고 인재를 등용하며 탕평 정치를 했습니다. 또한 궁궐에 왕실 도서관인 ⓒ 규장각을 지어 밤늦게까지 신하들과 공부하고 정책에 대해 토론하며 백성들이 잘살기 위한 새로운 정책을 만들어 냈습니다. 또 나랏일에 참여하기 힘들었던 서얼도 규장각에서 능력을 발휘할 수 있도록 했습니다.

24 정조가 그린 꿈의 도시, 수원 화성

본문 108~111쪽

독해 학습

1 ⓒ
2 ③
3 ③
4 ⊙, ⓒ
5 ⊙ 수원 화성 ⓒ 정약용

어휘 학습

6 (1) ① (2) ③ (3) ②
7 (1) ② (2) ①

독해 학습

1 정조는 자신의 이상을 펼칠 수 있는 새로운 도시를 건설하기 위해 수원에 화성을 지었습니다.

2 정조는 화성 공사에 참여한 백성들에게 일한 값을 넉넉히 치러 주었습니다. 일한 값을 받게 된 백성들은 더 열심히 일을 해 10년이 걸릴 것이라고 예상했던 공사가 2년 반 만에 끝났습니다.

3 정조는 수원 화성에 다녀가는 길에 백성들을 만나 그들의 억울한 이야기를 듣고 해결해 주려고 했습니다.

4 정약용은 백성들의 힘을 덜어 주기 위해 거중기와 유형거를 만들었습니다. 거중기는 무거운 물체를 작은 힘으로 들어 올릴 수 있게 도와주었고, 유형거는 무거운 건축 재료를 편리하게 나를 수 있도록 했습니다.

오답 피하기

ⓒ 자격루는 세종 때 장영실이 만든 물시계입니다.

5 정조는 아버지의 무덤을 수원으로 옮기면서 개혁을 펼칠 새로운 도시인 ⊙ 수원 화성을 지었습니다. ⓒ 정약용은 정조의 명을 받아 수원 화성의 설계를 맡고 거중기, 유형거 등을 발명해 백성들의 어려움을 덜어 주었습니다. 정조는 백성들이 살기 좋은 곳을 만들기 위해 수원을 오가는 길에 억울함을 호소하는 백성들의 사정을 직접 듣고 해결해 주기도 했습니다.

어휘 학습

7 (1) 이 문장에서 '요지'는 말이나 글에서 핵심이 되는 중요한 내용이란 뜻으로 쓰였습니다.
(2) 이 문장에서 '요지'는 정치, 문화, 교통, 군사 등에서 가장 중요한 곳이란 뜻으로 쓰였습니다.

25 제주도 백성을 구한 김만덕

본문 112~115쪽

독해 학습

1 ㉠, ㉣

2 (1) X (2) ○ (3) ○

3 ②

4 ④

5 ㉠ 제주도 ㉡ 김만덕

어휘 학습

6 (1) ① (2) ③ (3) ②

7 (1) 특산물 (2) 기부

독해 학습

1 김만덕은 상인으로, 제주도의 특산물을 육지에 팔고 육지의 상품을 사들여 제주도에 팔면서 큰돈을 벌었습니다. 정조 때에 제주도에 큰 흉년이 들자 김만덕은 자신의 재산과 곡식을 내놓아 제주도 백성들을 도와주었습니다.

2 (1) 김만덕은 어렸을 때 부모님이 일찍 돌아가신 뒤, 남의 집에 맡겨져 어렵게 자랐지만 꿋꿋하고 당당하게 살았습니다.

3 김만덕은 제주도의 백성들을 위해 자신의 재산을 기부하였습니다.

4 김만덕은 제주도에 큰 흉년이 들었을 때 자신이 가지고 있던 재산을 아낌없이 기부했습니다. 김만덕 덕분에 수많은 제주도 백성들이 굶주림으로 죽을 위기를 넘길 수 있었습니다. 당시 조선의 여인들은 집 밖에 나가는 것도 쉽지 않았는데, 정조는 제주도 백성들을 구한 김만덕에게 상으로 금강산을 여행할 수 있게 허락해 주었습니다.

5 조선 정조 때, ㉠ 제주도에 심한 태풍으로 몇 년째 큰 흉년이 들자 큰돈을 번 상인 ㉡ 김만덕은 재산을 기부해 제주도 백성들을 구했습니다. 이 소식을 들은 정조는 김만덕에게 상으로 금강산 여행을 허락해 주었습니다.

26 청나라 여행기를 쓴 실학자 박지원

본문 118~121쪽

독해 학습

1 ②

2 ㉠, ㉢

3 (1) X (2) ○ (3) ○

4 ③

5 ㉠ 박지원 ㉡ 열하일기

어휘 학습

6 (1) 살림살이 (2) 만반 (3) 실용적

7 ③

독해 학습

1 박지원은 사신을 따라 청나라에 가 청나라의 신기술들을 유심히 보고 기록하며 그들의 발전된 문화를 배워야 한다는 생각을 했습니다. 그리고 청나라에서 여행하며 기록한 내용을 엮어 『열하일기』라는 책으로 만들었습니다.

2 박지원은 관직에는 별로 관심이 없어 과거 시험에서 텅 빈 답안지를 내기도 했습니다. 또한 관직보다는 공부와 토론하는 것을 좋아했고, 조선이 발전하는 방법을 고민하는 데에도 힘썼습니다. 그는 북학파 가운데 한 명으로 청나라의 뛰어난 학문과 기술을 배워 조선을 발전시키자고 주장했습니다.

오답 피하기

㉡ 박지원은 청나라를 여행하고 돌아와 『열하일기』라는 책을 썼습니다.

3 (1) 조선의 사신들이 북경에 도착했지만 청나라 황제는 북경이 아닌 열하에서 그들을 기다리고 있었습니다. 따라서 박지원 일행은 북경을 거쳐 청나라 황제가 있는 열하까지 다녀왔습니다.

4 북학파는 조선 후기에 청나라의 학문과 기술을 받아들여 상업과 기술을 발달시켜야 한다고 주장한 학자들을 가리키는 말입니다.

5 조선이 발전하기 위해서는 백성들의 생활에 도움이 되는 실학이 중요하다고 생각했던 ㉠ 박지원은 사신이 된 사촌 형을 따라 청나라에 다녀왔습니다. 박지원은 청나라에 다녀온 뒤 청나라의 발전된 문화를 보고 느낀 것을 담아 『㉡ 열하일기』라는 책으로 엮어 냈습니다.

어휘 학습

7 '임금의 명령을 받고 다른 나라에 가는 신하'를 뜻하는 낱말은 '사신'입니다.

---

27 정약용, 백성을 위한 마음을 담아 책을 쓰다

본문 122~125쪽

독해 학습

1 ④

2 (1) X (2) ○ (3) X

3 ㉠, ㉢

4 ③

5 ㉠ 정약용 ㉢ 목민심서

어휘 학습

6 (1) ③ (2) ① (3) ②

7 (1) ① (2) ②

독해 학습

1 정약용은 백성들의 삶을 이롭게 하기 위해 새로운 학문과 기술을 열심히 받아들여 500권이 넘는 책을 썼습니다.

2 (1) 정약용은 서양 학문과 기술도 가리지 않고 받아들였는데, 이로 인해 천주교를 믿는다는 의심을 받아 유배를 가게 되었습니다.

(3) 유배 기간 동안 정약용은 많은 책을 지었는데 대표적인 책으로『목민심서』가 있습니다.

3 당시 조선에는 남의 땅을 빌려 농사를 짓고 땅을 빌린 값으로 많은 곡식을 내야하던 농민들이 많았습니다. 따라서 정약용은 농사짓지 않는 양반들이 땅을 독차지해서는 안 되고, 백성들이 땅을 고루 나눠 가져야 한다고 생각했습니다.

4 각 지역을 다스리는 수령을 '백성들을 기르는 관리'라는 뜻에서 '목민관'이라고도 불렀습니다. 정약용은 목민관을 위해 백성들을 잘살게 만드는 방법을 담은 안내서인『목민심서』를 썼습니다.

5 ㉠ 정약용은 정조의 곁에서 백성들의 삶을 나아지게 하기 위해 노력했으나 그를 시기한 신하들의 모함을 받고 전라도 강진으로 유배를 가게 되었습니다. 그는 유배 생활을 하는 동안에도 백성들의 삶을 편안하게 하기 위한 방법을 끊임없이 고민했으며『㉢ 목민심서』를 포함해 500권이 넘는 책을 썼습니다.

어휘 학습

7 (1) 이 문장에서 '수령'은 고려와 조선 시대에 각 고을을 맡아 다스리던 지방관이란 뜻으로 쓰였습니다.

(2) 이 문장에서 '수령'은 돈이나 물품을 받아들임이란 뜻으로 쓰였습니다.

28 김홍도, 백성의 삶을 그림에 담다

본문 126~129쪽

독해 학습

1 ① 김홍도 ② 도화서

2 ②, ③

3 ②

4 ㉠ 도화서 ㉢ 풍속화

어휘 학습

5 (1) ② (2) ① (3) ③

6 ③

독해 학습

1 ① 김홍도는 조선 시대의 실력 있는 화가로, 당시 화가들이 그리지 않던 백성들의 생활 모습을 담은 풍속화를 많이 그렸습니다.「씨름」,「서당」,「무동」,「타작」등의 풍속화가 유명합니다.

② 도화서는 조선 시대에 그림 그리는 일을 담당하는 관청입니다. 김홍도는 젊은 나이에 도화서의 화가가 되어 왕의 어진을 그렸으며 나라의 중요한 행사를 그림으로 남기는 일도 했습니다.

2 김홍도는 백성들의 다양한 삶을 생생하게 그렸습니다.「서당」에는 선생님 앞에서 훌쩍훌쩍 울며 손으로 눈물을 닦고 있는 아이와 그 친구를 보고 웃고 있는 아이들의 모습이 그려져 있습니다.

오답 피하기

① 선생님은 책상 앞에 앉아 있습니다.

④ 아이들은 모두 바닥에 책을 펼쳐 놓고 있습니다.

3 김홍도는 양반들의 화려한 삶보다는 백성들의 삶을 생생하게 그림으로 남기는 데 관심을 가졌습니다.

4 김홍도는 나라에서 필요한 그림을 그리는 관청인 ㉠ 도화서에서 화가로 일을 할 만큼 뛰어난 그림 실력을 가졌습니다. 또한 그는 시간이 날 때마다 거리로 나가 씨름하는 모습, 농사짓는 모습, 일하는 모습, 시장의 모습 등 백성들의 삶을 생생하게 담은 ㉢ 풍속화를 그렸습니다.

어휘 학습

6 '어떤 집안이나 개인의 사회적 신분이나 지위'를 뜻하는 낱말은 '지체'입니다.

29 심청이와 춘향이 이야기를 즐기는 백성들

독해 학습

1 조선 후기의 백성들은 전기수의 재밌는 이야기를 듣고, 고수가 치는 북장단에 맞춰 소리꾼이 말과 노래, 몸짓으로 이야기를 풀어내는 판소리를 보는 등 다양한 서민 문화를 즐겼습니다.

2 전기수는 돈을 받고 소설을 이야기로 들려주는 전문 이야기꾼입니다. 전기수는 흥미로운 부분에 이르면 이야기를 멈췄다가 관객들이 전기수 앞에 돈을 던져 주면 이야기를 이어갔습니다.

3 판소리는 북장단을 치는 고수와 말과 노래, 몸짓으로 이야기를 풀어내는 소리꾼이 만드는 전통 음악이자 연극입니다. 판소리는 조선 후기의 서민 문화 중 하나로 「춘향가」, 「흥부가」, 「심청가」, 「수궁가」, 「적벽가」 등이 전해지고 있습니다.

4 (1) 전기수는 돈을 받고 한글 소설을 이야기로 들려주는 전문 이야기꾼으로 사람이 많이 모이는 곳에 자리를 잡고 이야기를 들려주었습니다.
(2) 소리꾼은 판소리에서 고수가 치는 북장단에 맞춰 말과 노래 그리고 몸짓으로 이야기를 풀어내는 역할을 합니다.

5 조선 후기에는 백성들이 즐기는 서민 문화가 발전했습니다. 『홍길동전』, 『심청전』 등 ㉠ 한글 소설이 크게 인기를 끌어 한글 소설의 이야기를 외웠다가 돈을 받고 이야기를 들려주는 이야기꾼인 전기수가 나타났습니다. 또, 북장단에 맞춰 소리꾼이 노래로 이야기를 들려주는 ⓒ 판소리도 백성들이 즐기는 서민 문화 중 하나였습니다.

30 김정호, 우리나라의 지도를 만들다

독해 학습

1 김정호는 여러 가지 방법으로 지도를 만들고 연구해 우리나라 지도인 『대동여지도』를 완성했습니다. 『대동여지도』는 목판으로 만들어 똑같은 지도를 여러 번 찍어 낼 수 있었습니다.

2 (1) 『대동여지도』는 접으면 책이 되고 갖고 다닐 수 있고 펼쳐서 보기에도 좋았습니다.

3 김정호는 완전한 조선의 지도를 만들기 위해 모든 지역의 지도를 모으고자 했습니다. 그리고 그것을 바탕으로 조선 땅을 여러 구역으로 나누어서 꼼꼼하게 지도를 만들었습니다.

4 『대동여지도』에는 10리마다 도로에 점이 찍혀 있어 지역과 지역 사이의 거리를 쉽게 계산할 수 있습니다. 또한 기호들이 표시되어 있어 성이나 고을, 창고 등 주요 시설들의 위치를 쉽게 알 수 있습니다.

5 ㉠ 김정호는 조선의 땅을 여러 구역으로 나누어 지도를 만든 후 지도들을 이어 붙여 조선의 전체 지도인 『ⓒ 대동여지도』를 만들었습니다. 『대동여지도』는 접으면 책처럼 되고, 펼치면 조선 전체의 지도가 됩니다. 그렇게 김정호가 만든 『대동여지도』는 오늘날의 지도만큼 정교하고 정확해 조선 최고의 지도로 인정받고 있습니다.

어휘 학습

7 (1) 이 문장에서 '기호'는 즐기고 좋아하는 것이란 뜻으로 쓰였습니다.
(2) 이 문장에서 '기호'는 어떤 뜻을 나타내기 위해 쓰이는 여러 가지 표시, 글자, 부호 같은 것이란 뜻으로 쓰였습니다.

본문 28쪽

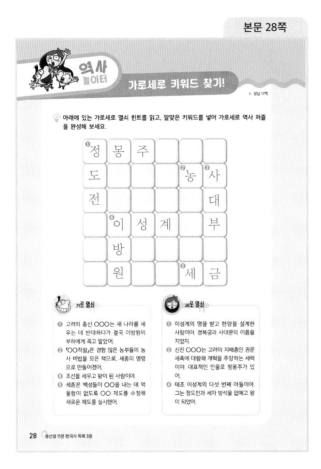

가로세로로 키워드 찾기!

▶ 정답 17쪽

아래에 있는 가로세로 열쇠 힌트를 읽고, 알맞은 키워드를 넣어 가로세로 역사 퍼즐을 완성해 보세요.

정몽주 / 도전 / 농사 / 대 / 이성계 / 부 / 방 / 원 / 세금

가로 열쇠

① 고려의 충신 ○○○는 새 나라를 세우는 데 반대했으나 결국 이방원의 부하에게 죽고 말았어.
② 『○○직설』은 경험 많은 농부들의 농사 비법을 모은 책으로, 세종의 명령으로 만들어졌어.
④ 조선을 세우고 왕이 된 사람이야.
⑤ 세종은 백성들이 ○○을 내는 데 억울함이 없도록 ○○ 제도를 수정해 새로운 제도를 실시했어.

세로 열쇠

① 이성계의 명을 받고 한양을 설계한 사람이야. 경복궁과 사대문의 이름을 지었어.
③ 신진 ○○○는 고려의 지배층인 권문세족에 대항해 개혁을 주장하는 세력이야. 대표적인 인물로 정몽주가 있어.
⑤ 태조 이성계의 다섯 번째 아들이야. 그는 정도전과 세자 방석을 없애고 왕이 되었어.

본문 50쪽

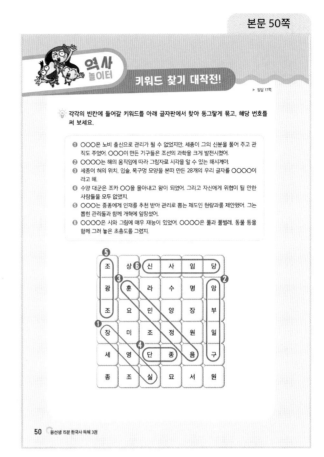

키워드 찾기 대작전!

▶ 정답 17쪽

각각의 빈칸에 들어갈 키워드를 아래 글자판에서 찾아 동그랗게 묶고, 해당 번호를 써 보세요.

① ○○○은 노비 출신으로 관리가 될 수 없었지만, 세종이 그의 신분을 풀어 주고 관직도 주었어. ○○○이 만든 기구들은 조선의 과학을 크게 발전시켰어.
② ○○○○는 해의 움직임에 따라 그림자로 시각을 알 수 있는 해시계야.
③ 세종이 혀의 위치, 입술, 목구멍 모양을 본떠 만든 28개의 우리 글자를 ○○○○이라고 해.
④ 수양 대군은 조카 ○○을 몰아내고 왕이 되었어. 그리고 자신에게 위협이 될 만한 사람들을 모두 없앴어.
⑤ ○○○은 중종에게 인재를 추천 받아 관리로 뽑는 제도인 현량과를 제안했어. 그는 뽑힌 관리들과 함께 개혁에 앞장섰어.
⑥ ○○○○은 시와 그림에 매우 재능이 있었어. ○○○○은 풀과 풀벌레, 동물 등을 함께 그려 놓은 초충도를 그렸다.

본문 72쪽

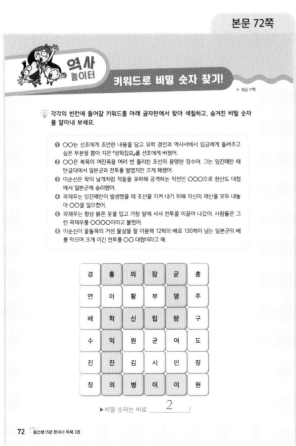

키워드로 비밀 숫자 찾기!

▶ 정답 17쪽

각각의 빈칸에 들어갈 키워드를 아래 글자판에서 찾아 색칠하고, 숨겨진 비밀 숫자를 알아내 보세요.

① ○○는 선조에게 조언한 내용을 담고 유학 경전과 역사서에서 임금에게 들려주고 싶은 부분을 뽑아 지은 『성학집요』를 선조에게 바쳤어.
② ○○은 북쪽의 여진족을 여러 번 물리친 조선의 용맹한 장수야. 그는 임진왜란 때 탄금대에서 일본군과 전투를 벌였지만 크게 패했어.
③ 이순신은 학의 날개처럼 적을 포위해 공격하는 작전인 ○○○으로 한산도 대첩에서 일본군에 승리했어.
④ 곽재우는 임진왜란이 발생했을 때 조선을 지켜 내기 위해 자신의 재산을 모두 내놓아 ○○을 일으켰어.
⑤ 곽재우는 항상 붉은 옷을 입고 가장 앞에 서서 전투를 이끌어 나갔어. 사람들은 그런 곽재우를 ○○○○이라고 불렀어.
⑥ 이순신이 울돌목의 거센 물살을 잘 이용해 12척의 배로 130척이 넘는 일본군의 배를 막으며 크게 이긴 전투를 ○○ 대첩이라고 해.

▶비밀 숫자는 바로 ___2___

본문 94쪽

가로세로로 키워드 찾기!

▶ 정답 17쪽

아래에 있는 가로세로 열쇠 힌트를 읽고, 알맞은 키워드를 넣어 가로세로 역사 퍼즐을 완성해 보세요.

명 / 강 / 청나라 / 홍 / 라라 / 중립 / 허 / 준 / 항 / 손홍록 / 안용복

가로 열쇠

③ 힘을 키운 후금은 나라 이름을 ○○으로 바꾸고 조선에게 자신들을 황제의 나라로 받들라고 요구했어.
④ 광해군은 후금과 명나라 사이에서 어느 편도 들지 않는 ○○ 외교를 펼쳤지.
⑤ ○○○과 안의는 임진왜란으로 없어질 위기에 처한 『조선왕조실록』을 지켜 냈어.
⑥ 조선의 어부로, 홀로 일본으로 건너가 울릉도와 독도가 조선의 영토임을 분명히 한 사람이야.

세로 열쇠

① 조선의 신하들은 임진왜란 때 조선을 도와줬던 명나라에 은혜를 갚아야 한다고 주장하며 광해군을 쫓아냈어.
② 조선군을 이끌고 명나라를 도와서 후금과 전투를 치른 장수야. 광해군의 비밀 명령에 따라 후금에 항복했어.
④ 선조의 명을 받고 우리나라의 의학을 체계적으로 정리한 『동의보감』을 쓴 사람이야.
⑤ 병자호란의 결과, 인조는 청나라에 ○○하고 청나라를 황제의 나라로 떠받들게 되었어.

역사 놀이터 — 키워드 찾기 대작전!

▶ 정답 18쪽

각각의 빈칸에 들어갈 키워드를 아래 글자판에서 찾아 동그랗게 묶고, 해당 번호를 써 보세요.

❶ ○○은 조선 시대에 의견이 비슷한 사람들끼리 모여서 만든 정치적 집단이야. ○○들은 서로 다른 의견을 나누고 토론하며 나랏일을 이끌었어.

❷ 영조는 어느 한쪽에 치우치지 않고 공평해 한다는 뜻을 지닌 비석인 ○○○을 세웠지.

❸ 영조는 백성들이 내는 군포를 반으로 줄이는 ○○○을 시행하여 백성들의 부담을 덜어 주었어.

❹ ○○○은 정조가 지은 왕실 도서관이야. 정조는 이곳에서 젊고 능력 있는 신하들과 함께 백성들을 위한 정책에 대해 토론했어.

❺ 정조는 아버지 사도 세자의 무덤을 수원으로 옮기고, 새 성인 수원 ○○을 지었어.

❻ 정약용은 정조의 명령으로 무거운 물건을 쉽게 들어 올리고 나를 수 있는 기계인 ○○○와 유형거를 만들었지.

❼ ○○○은 큰돈을 번 상인으로 제주도 사람들을 살리기 위해 재산을 내놓았어.

인	탕	총	화	선	거
성	북	평	성	왕	중
동	인	채	비	균	기
규	장	각	연	역	동
봉	비	주	공	법	천
분	당	구	김	만	덕

역사 놀이터 — 키워드로 비밀 숫자 찾기!

▶ 정답 18쪽

각각의 빈칸에 들어갈 키워드를 아래 글자판에서 찾아 색칠하고, 숨겨진 비밀 숫자를 알아내 보세요.

❶ ○○○는 청나라의 학문을 배워야 조선이 강해진다고 주장한 사람들을 부르는 말이야. 박지원이 대표적인 사람이지.

❷ 정약용은 수령들이 백성들을 위해 해야 할 일을 『○○심서』라는 책으로 정리했어.

❸ 『○○일기』는 박지원이 청나라에 가서 보고 들은 것을 기록한 책이야. 이 책에서 박지원은 수레 사용의 중요성을 주장했어.

❹ 김홍도는 백성들의 생활 모습을 생생하게 나타낸 ○○○도 그렸어.

❺ ○○○는 조선 시대에 소설을 읽어 주던 이야기꾼이야. 이들은 사람이 많은 곳에서 돈을 받고 이야기를 들려주었어.

❻ 김정호는 책처럼 보관하기도 편하고 펼쳐 보기도 편한 조선의 전체 지도인 『○○○○○』을 만들었어.

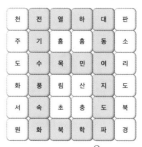

천	전	열	하	대	판
주	기	흠	흠	동	소
도	수	목	민	여	리
화	풍	림	산	지	도
서	속	초	충	도	북
원	화	북	학	파	경

▶ 비밀 숫자는 바로 ___8___ !

MEMO

그동안 보지 못했던 과학책이 왔다!

시끌벅적 **화학 반응**

용선생의 과학교실

글 김형은 | 구성 사회평론 과학교육연구소 | 그림 김언희·용선생 문화소 | 감수 노석구 | 캐릭터 이우일

고흐가 사랑한 노란 물감의 정체는?

전 40권

용선생 역사 시리즈의 명성 그대로!
용선생이 새롭게 과학수업을 시작합니다!

글 사회평론 과학교육연구소 | 캐릭터 이우일

용선생의 시끌벅적 과학교실

★ 재미있게 술술 읽다 보면 어느새 과학 지식이 머리에 쏙!
★ 실생활 속 호기심을 해결하며 과학적 사고력도 쑥쑥!
★ 생생한 사진, 알찬 4컷 만화로 더욱 즐거운 공부!

★ 과학 교육 전문가들이 5년 동안 심혈을 기울여 개발!
★ 최신 과학 교과서 완벽 반영!

사회평론

★★★★★

한국사 학습에 필요한 필수 어휘까지 잡았다!

"용선생 한국사 독해 시리즈만 풀리면 어휘 교재는
따로 안 사도 되겠네요!" 홍*영_초1·초3 학부모

"왕위, 관직, 폐하, 정권, 정변…. 역사책에는
자주 등장하지만 아이에게 바로 설명해주기 어려운
어휘까지 콕 집어 설명해 주네요!" 유*은_초3 학부모

"사회 교과서에 자주 등장하는 역사 용어가 다 있어요. 어떠한
역사책도 거뜬히 읽어 낼 수 있는 어휘력을 기를 수 있습니다!"
강보민 선생님(해밀독서연구소 소장)

"한국사 인물 이야기를 읽다 보면 한국사의 흐름이 잡힙니다.
초등 5학년 사회 공부가 쉬워지겠어요!"
변규리 선생님(라별에듀)

"교재를 시작하더니 한국사가 정말 재밌대요!
하루에 여러 챕터 푼다고 하는 거 겨우 말렸어요." 조*선_초3 학부모

"이제 한국사 공부는 아이가 스스로 알아서 합니다.
하루 중 가장 먼저 집어 드는 교재예요." 윤*영_초4 학부모

	초등학교	학년	반
이름			

세계사와
독해력을
한 번에!

용선생 15분 세계사 독해

★ 120명의 인물 이야기로 다지는 세계사 기초!

★ 매일 15분!
초등 비문학 독해력 향상!

★ 중학 역사 교과서 연계!

글 사회평론 역사연구소 외 | 그림 뭉선생 외 | 캐릭터 이우일

전 4권

1권 고대편   2권 중세편   3권 근대편   4권 근·현대편